新版

安定した経営を
継続するための

Q&A
中小企業における
「株式」の実務対応

－次世代への円滑な承継と分散防止・集約化－

東京中小企業投資育成株式会社
公認会計士・税理士

中野 威人 著

清文社

# 改訂にあたって

　初版の刊行から4年が経過し、今般、改訂版を出す運びとなりました。この4年間はほぼコロナ禍の時期と重なりましたが、本書が対象としている分野はこのような時期にあっても停滞することなく、むしろ様々な動きが見られたように思います。

　今回の改訂にあたっては、法令等の改正はもとより、実務の現場で起きている最近の動きについてもできるだけ盛り込むことを意識しました。

　主な変更点としまして、まず法令等の改正については、事業承継税制や暦年課税・相続時精算課税に係る改正点を反映させるとともに、初版ではスタート直後だった自筆証書遺言書保管制度への言及や、改正直後であった民法の相続法の分野に関わる記述の修正等を行いました。

　一方、最近の動きについては、個人株主や法人株主の動向に触れるとともに、増加傾向にある親族外承継について章立てを独立させ、実務の視点をできるだけ盛り込むようにしました。また、株式の移動の負担抑制に係る選択肢について、実務でよく採り上げられることが多いものを中心に客観的な立場から説明を加える形で大幅に加筆修正しました。

　全体を通じては、初版と同様にあくまで実務をベースにした内容にこだわるとともに、できるだけ中立的な視点からの記述を心掛けています。なお、文中意見を述べている部分については、すべて私見であることをお断りさせていただきます。

　本書が安定した経営の継続を通じて企業が成長・発展するための一助となりましたら幸いです。

　令和6年5月

中 野 威 人

# は じ め に

　中小企業においては、普段の経営のなかで自社の株式について意識する場面はあまりないのではないでしょうか。

　ところが、中長期的な視点で考えるとそうもいかなくなってきます。中小企業の株主は個人が主体であることが多く、また、個人一人ひとりが決して無視できない存在であるために、様々な課題に直面することになります。

　この株式に関する課題に取り組む一番の目的は、安定した経営を継続することで企業の継続・発展の基盤とすることですが、それは、経営者の方が自社の株式のことに気を取られることなく、安心して経営に集中するためでもあります。株式で生じたトラブルの解決には、けっこうエネルギーを使うものなのです。相手のある話ですし、経営権や財産権のみならず、背後にある人間関係も影響してきます。親族をはじめとする関係の近い人たちも多く、精神的にプレッシャーがかかることも少なくありません。トラブルに振り回されてしまうことのないように、事前に対策を施すのが望ましいといえましょう。

　もちろん、中小企業の株主構成を考えるにあたっては、絶対的な解が存在するわけではありません。しかし、望ましい視点や方向性はあると考えます。そのうえで、中長期的に自社の株主構成はどのように変化していくのか、それに対してどのような対策をしたらよいのかを検討し、それに向けて打ち手を考えていくことが大事です。打ち手を考え、実行に移すまでには時間がかかります。そして、この課題は経営者の周りの方ではなかなか進めることができないものです。経営者ご自身が主体的に取り組まなければ前に進まない経営課題なのです。経営課題として捉え、自社の将来の株主構成を考え、それに向けて打ち手を考える、そして、これらを先送りせずに主体的に取り組む、といった姿勢が何よりも

大切なのです。

　本書では、まず第1章において中小企業が直面する「株式」に関する課題を整理し、第2章において課題に取り組む際の視点や考え方を示しています。そのうえで、第3章から第5章において具体的な選択肢や考え方について、できるだけ整理・体系化して解説しています。もちろん、経営者の方をはじめ、個々の株主の方の様々な想いや関係者の意向・会社を取り巻く状況等、他にも考慮すべき点が多々ありますが、それらは各社で事情が異なります。そのため、そのあたりにはあえて触れずに、具体的な選択肢や考え方を中心に解説しています。なお、文中意見を述べている部分については、すべて私見であることをお断りさせていただきます。

　本書は、これまでの多くの実務経験の中から生まれました。企業を取り巻く環境は大きく変化し続けていますが、本書の幹となる考え方に変わりはありません。本書が、安定した経営を継続するための一助となりましたら幸いです。

　令和元年12月

中 野 威 人

# 目次

第 **2** 章　課題解決の方向性

## 第3章　安定した経営権の確保

## 第4章　経営者の保有株の円滑な承継　～親族内承継～

```
┌─ 凡　　例 ─────────────────────────────┐
│ 会　　　　…………………会社法                          │
│ 会　規…………………会社法施行規則                       │
│ 法　法…………………法人税法                            │
│ 評基通…………………財産評価基本通達                       │
│ 措　法…………………租税特別措置法                         │
│ ※条数等の略記                                        │
│　会 171 の 2 ①二………会社法第 171 条の 2 第 1 項第二号     │
│　評基通 186-3………財産評価基本通達 186-3                 │
└─────────────────────────────────────┘
```

＊なお、本書の内容は、令和 6 年 4 月 1 日現在の法令、通達によっています。

## 本書の構成

**第1章**

### 中小企業が直面する「株式」に関する課題

　中小企業が直面する「株式」の課題にはどのようなものがあるのか、また、そのような課題が生じるのはなぜか、株主の属性ごとに解説しています。

**第2章**

### 課題解決の方向性

　課題に取り組む際に必要な3つの視点について解説したうえで、その際に意識しておいたほうがよいこと、日頃から備えておいたほうがよいこと、普段気をつけたほうがよいこと等について解説しています。

**第3章**

### 安定した経営権の確保

　常時必要な視点である「安定した経営権の確保」について、安定した経営権の意味をはじめ、安定性が崩れる可能性がある場面から、安定した経営権を確保するための選択肢まで解説しています。

　また、先代経営者に経営権を残すための選択肢についても解説しています。

**第4章**

### 経営者の保有株の円滑な承継

　中長期的に必要な視点の1つである「経営者の保有株の円滑な承継」のうち親族内承継のケースについて、考え方から様々な選択肢まで解説しています。

**第5章**

　親族外承継のケースについて、考え方や主な留意点を中心に解説しています。

**第6章**

### 株式の分散防止と集約化

　中長期的に必要な視点の1つである「株式の分散防止と集約化」について、選択肢の全体像をはじめ、株主の状態（役員・社員、社外の個人、相続発生時など）に応じて考えられる選択肢を解説しています。

　また、名義株や所在不明株の整理についても解説しています。

# 中小企業が直面する
# 「株式」に関する課題

第 **1** 章

中小企業が直面する
「株式」に関する課題の全体像

**Q1-1** 中小企業の「株式」について留意しておく
べき点は何ですか？

**A** • • • • • • • • • • • • • • • • • • • • • • • • • • • • • •

　株式会社において、株式を有する株主の権利には大きく分けて共益権（会社の経営への参加や監督をする権利）と自益権（会社から経済的利益を受ける権利）の2つがあります。共益権には株主総会における議決権のほか、21頁に記載された監督是正権などがあり、自益権には剰余金の配当を受ける権利や残余財産の分配を受ける権利などがあります。

　よって、このような株式を誰がどれだけ保有するかは会社経営そのものに大きな影響を与えます。中小企業においては、その株式を保有する主体は個人であることが多く、また、その個人一人ひとりが決して無視できない存在であることから、次のような点に留意しなければならないということができます。

1. 個人は株式を永遠には保有できない
2. 相続は譲渡制限の対象外
3. 会社側と個人株主の間ではトラブルが起きることがある

### ❶ 個人は株式を永遠には保有できない

　中小企業の株主は個人が主体ですが、個人であるが故の限界もあります。1人の個人が株式を保有したとしても、寿命があるために永遠には

保有することはできないのです。その個人が未来永劫、株主であり続けることはできません。そのため、会社の業歴が長くなってくると、株主も高齢化し、相続が発生して相続人に交代したり、あるいは相続が発生する前に株式を移動するといった事象に会社は直面することになります。個人である株主は、いずれは必ず交代しなければならない時期がやってくるのです。このことは、大株主であることが多い経営者もまた同じです。

## ❷ 相続は譲渡制限の対象外

　多くの中小企業は、株式の譲渡について会社（取締役会または株主総会）の承認を要する旨を定款で定めています（会107①一、②一、139①）。

　しかし、株主に相続が発生すると、実はこの譲渡制限が設けられていても、株式は相続人の手に渡ってしまいます。相続のような一般承継については譲渡の対象とならないため、会社の承認を受ける必要がないのです（会134④）。「うちは譲渡制限をしているから大丈夫だよ」とおっしゃる経営者の方がいらっしゃいますが、実際にはそうではありません。会社法における譲渡制限は株式の譲渡を制限することはできますが、相続によって株式が相続人に承継されることを防ぐことはできないのです。こうして、何も手当てをせずに相続が発生すると、会社の意思とは関係なく相続人に株式が分散してしまうという結果を招いてしまいます。

　注：遺言で特定の財産を指定する特定遺贈による場合には譲渡承認が必要になります。

## ❸ 会社側と個人株主の間ではトラブルが起きることがある

　会社側と個人株主の間ではトラブルが起きる潜在的な可能性がありま

す。もちろん、トラブルが起きないケースのほうが多いですし、うちはそんなことを心配する必要はないとおっしゃる経営者の方が多いのもまた事実です。ところが、このトラブルのきっかけはある日突然やってくることがあります。会社側にとっては思いもよらないタイミングでトラブルに遭遇してしまうことがあるのです。

　会社に対する株式の買い取りの要請が突然あるようなケースがその典型例ですが、その他にも経営への口出し・介入、少数株主権の行使など様々な局面でトラブルに発展する可能性があります。また、個人株主にいつ相続が発生するかは誰にもわかりません。これまでは良好な関係だった株主が、ある日突然相続によって会社側とトラブルになるような株主に入れ替わってしまうことも十分に考えられるのです。

## Q1-2 中小企業が直面する「株式」に関する課題について、まずは全体像を教えてください。

　Q1-1のような点を踏まえ、中小企業が直面する「株式」に関する課題の全体像を示したものが**図表 1-1** になります。

　図表の左側の株主名簿にある通り、中小企業における株主の典型的なパターンとして、経営者、役員・社員や経営者の親族等のような個人株主、法人株主、名義株・所在不明株等があります。

**図表 1-1** 中小企業が直面する「株式」に関する課題の全体像

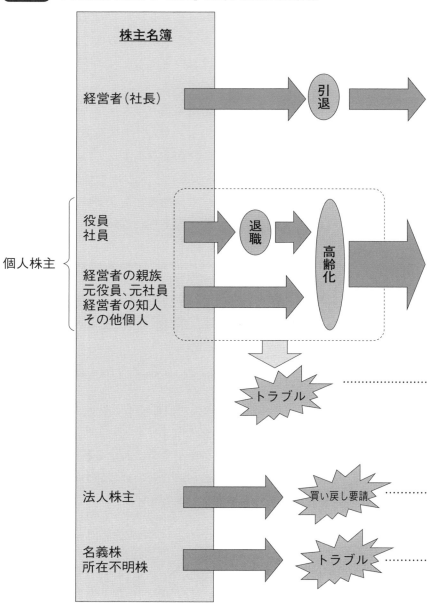

親族内承継
・後継者が安定した経営権を確保し、経営に集中できるようにしてあげたい
・経営者が保有している株式を後継者にスムーズに移動したい　→Q1-3

親族外承継
・後継者候補が株式の買取資金を用意することができない
・親族外の後継者が安定した経営権を確保できるだろうか
・さらなる次世代への承継の際にまた苦労するのではないだろうか　→Q1-4

相続発生　→　分散

・元役員・元社員が高齢化。相続が発生する前に買い戻したい
・経営に関係のない親族に株式が分散している。相続によるさらなる分散を避け、できれば集約化したい
・社外株主が多く存在。集約化を進めたいがどのような方法があるのだろうか
・株主に相続が発生。会社のことを全く知らない相続人に株式が渡ることは避けたい　等　→Q1-6

・役員・社員が株を持ったまま退任・退職してしまった。退職時に確実に回収するためには、どのようにすればよいのだろうか　→Q1-5

・株主から突然、株式の買い取りの要請があった。会社としてどのように対応すればよいのだろうか
・経営に関係のない親族に株式が分散し、後継者の持株比率が低い。会社の経営方針に不満を持っている親族株主もおり、経営がやりにくい　等　→Q1-6

・関係の薄くなった法人株主から買い戻しの要請があった。受け皿の選択肢には、どのようなところがあるのだろうか　→Q1-7

・名義株をこのまま放っておくと将来トラブルになりそうだ。元気なうちに名義株を整理しておきたい　→Q1-8

・所在がわからなくなってしまっている株主がいる。何か問題が起きないうちに整理しておきたい　→Q1-9

## ❶ 経営者

　まず、経営者については、Q1-1で述べたように個人には寿命があり、たとえ経営者であっても、いずれは必ず引退しなければならない時期がやってくるため、その際には保有する株式を後継者へ移動させることが必要になります。一般的に経営者が保有する株式の比率は高いため、この移動がうまくいかないと会社経営に大きな影響を及ぼすことになります。本書では第三者に経営を委ねるM&Aについては他の書物に譲ることとし、Q1-3で親族内承継のケース、Q1-4で主に役員・従業員に引き継ぐことを想定した親族外承継のケースを採り上げます。

## ❷ 経営者以外の個人株主

　次に、個人株主のうち役員・社員については、いずれは退任・退職する時期が到来します。株式を保有したまま退任・退職すると社外の個人株主となり、時間が経過すれば高齢化し、やがては相続が発生して相続人に株式が分散していくことになります。

　その他の社外の個人株主も同様です。典型的なのは経営者の親族、元役員・元社員、経営者の知人・友人といったところでしょう。上述した役員・社員と同様に、時間が経過すれば高齢化し、やがては相続が発生して相続人に株式が分散していくことになります。

　そして、これらの個人株主と会社側との間ではトラブルが起きる潜在的な可能性があります。相続によって株式が相続人に分散した後も同様です。相続人は同じく社外の個人株主ですから、やはり会社側との間においてトラブルが起きる潜在的な可能性があるといえます。

　これらの個人株主のうち、役員・社員についてはQ1-5で、経営者の親族や元役員・元社員・経営者の知人等の社外の個人株主については

Q1-6で採り上げます。

## ❸ 法人株主

　法人株主については、個人株主に比べれば寿命や相続がない分、安定性はありますが、取引関係の変化等によって買い戻しの要請がくることがあります。法人株主については Q1-7 で採り上げます。

## ❹ 名義株、株主の所在が不明な株式

　名義株や株主の所在が不明な株式については、そのまま放っておくとトラブルの種になりかねません。名義株については Q1-8 で、株主の所在が不明な株式は Q1-9 でそれぞれ採り上げます。

　なお、それぞれのケースにおける典型的な課題を**図表 1-1** の右側に示してありますが、これらの課題も含めて詳細については Q1-3 以降でみていくこととします。

**Q1-3**　経営者が保有している株式について、「親族内の後継者」に承継する場合に直面する課題には、どのようなものがありますか？
また、そのような課題が生じる理由についても教えてください。

**A** ● ● ● ● ● ● ● ● ● ● ● ● ● ● ● ● ● ● ● ● ● ● ● ● ● ● ● ● ● ● ● ● ● ● ●

### ❶ 直面する課題の典型例

　中小企業の株式については、経営者が高い比率を保有していることが一般的であるため、経営者が高齢化すると、この株式を誰に承継させるのかが、中小企業にとって極めて大きな経営課題となります。

　経営者が保有している株式について、親族内の後継者に承継する場合、直面する課題の典型例として次の2点が挙げられます。

1. 後継者が安定した経営権を確保し、経営に集中できるようにしてあげたい
2. 経営者が保有している株式を後継者にスムーズに移動したい

### ❷ 課題が生じる理由

（1）1の理由

　株式に関する対策を何もせずに放ったまま、経営者の方がお亡くなり

になったら、その株式はどうなってしまうのでしょうか。先に書いた通り、相続のような一般承継は譲渡制限の対象外ですから、対策を何もしていなければ、経営者が保有していた多数の株式は会社の意思とは関係なく相続人に渡ります。相続人に後継者候補がいてその方がすべて相続することができれば問題はありませんが、遺言がなければ遺産分割は相続人間の協議によることになります。そのため、協議の結果、後継者以外の配偶者や子ども達に株式が分散することは十分に考えられるところです。また、遺産分割の協議は1人でも合意しない相続人がいればまとまりません。協議がまとまらない間は株式が相続人の共有状態となり、議決権行使に影響を及ぼす可能性もあります。

仮に後継者以外の親族に株式が渡った場合、経営には特に関係がなくても、身内であれば比較的簡単に目線あわせも進むのが通常ですが、なかには円滑なコミュニケーションをとることが難しい人が株主に入り込んでしまうケースがあります。すると、日々の経営にも支障が出ることがあります。

具体的には、家庭内や親族内の争いを経営に持ち込む株主が原因で株主総会が混乱するケースや、配当の増額や自らの役員就任など経営への口出しや介入をしようとするケース、株式分散がきっかけで親族間で対立が生じ経営権の争奪戦がはじまるケースなどがトラブルの典型例です。なかには社長が解任されてしまうようなケースもあります。社内が動揺し、取引先や金融機関からも不安の声があがるようになり、経営の不安定化につながることも少なくありません。

また、会社に株式の買い取りを要請してくることもあります。株式を相続する際の納税資金の不足をはじめ、お金を必要とする個別事情があったりと、株主側の目的は様々です。ただ、親族の場合には株式の保有比率がそれなりにあるだけではなく、会社が親族から買い取る際には税務上安く買い取ることは難しいケースが多いことから、買い取る場合

には事業資金以外にある程度まとまった資金が必要になってきます。加えて、1株当たりの純資産価額での買い取りを要請されるケースも少なくありません。会社が要請に応じることができずに話し合いが平行線をたどると、今度は帳簿閲覧権など少数株主の権利を行使して会社側を困らせるようなこともあります。対応に時間や労力を取られ、精神的にもプレッシャーとなり、経営者が経営に集中できなくなってしまうという結果を招いてしまいます。

　さらに、親族間で株式の分散が進み、経営者自身が保有する株式の比率が低い場合には、普段はおとなしい株主であっても、株主総会の決議が必要となるような大きな意思決定をする際には、いちいち株主の顔色を窺わざるを得なくなります。例えば、合併や会社分割などの組織再編をしようとする場合、反対株主には株式買取請求権が認められています。それなりの保有比率を有する親族株主が換金のチャンスとみて権利行使することにより、多額の資金が流出することを危惧して、組織再編を断念せざるを得ないようなことも考えられるのです。このように、経営者が安心して経営に集中し、スピード感をもって必要な意思決定をしていくことが難しくなる可能性もあります。

　以上のように株式が分散してしまうことにより、経営の不安定化や経営に集中できなくなるという状況に陥る可能性が高まります。そのため、後継者への株式の移動を検討するに際しては、株式をなるべく分散させないことで後継者が安定した経営権を確保し、安心して経営に集中できるようにしてあげたいという課題が出てくるのです。


## (2) 2の理由

　株式は相続人に渡るとしても、タダで渡るわけではありません。相続で引き継ぐ場合には相続税がかかります。特に自社株式は高い評価額となり、重い相続税負担となって相続人にのしかかるケースも少なくあり

ません。

　しかし、一般的に非上場会社の株式は換金することが難しく、経営権の問題があるため簡単に他人に売却できるものでもありません。そのため、多額の借金をして相続税の納税を済ませるケースや、相続人が自社へ買い取りの要請をしてくるようなケースもあります。会社が買い取らざるを得ない場合には事業資金以外の資金確保が必要になる場合もあり、実質的には会社が相続税の負担をしているケースも多々見かけるところです。

　また、民法上、相続人には最低限相続できる権利が保障されています（これを遺留分といいます）。例えば、全財産の大半を自社株式が占めているような場合、後継者が安定的に経営をすることができるように、株式はすべて後継者へ相続させたとします。すると、後継者以外の相続人（例えば後継者の兄弟など）は財産を手にすることができず、この遺留分の権利を行使する可能性があります。これによって、後継者以外の相続人は、後継者に対して、遺留分の侵害額に相当する金銭の支払いを請求することができるのです。その結果、後継者が支払うための資金を持ち合わせていない場合には、後継者にとって重い負担になってしまうことが十分に考えられるところです。最近では権利意識の向上やインターネット等による情報収集が容易になっていることなどもあり、遺留分の行使については、昔に比べれば起こりやすい環境になってきているということもできるでしょう。

　そのため、経営者が保有する株式の移動を検討するに際しては、移動コストで苦しむことなく、できるだけスムーズに後継者に移動したいという課題もあわせて生じることになります。

**Q1-4** 経営者が保有している株式について、「親族外の後継者」に承継する場合に直面する課題には、どのようなものがありますか？
また、そのような課題が生じる理由についても教えてください。

**A** ＊＊＊＊＊＊＊＊＊＊＊＊＊＊＊＊＊＊＊＊＊＊＊＊＊＊＊＊

## ❶ 直面する課題の典型例

　後継者に悩む中小企業が増えるなかでM&Aという選択肢が中小企業においても一般的なものとなって増加傾向にありますが、その一方で、M&Aのように外部の第三者に経営を委ねるのではなく、あくまでも自社の役員・従業員に事業を引き継いでいってもらいたいと考える経営者の方々も少なくないところです。しかし、自社の役員・従業員に代表されるような親族外の後継者への承継を考える際には大きなハードルが2つあります。1つは自社株式の承継、もう1つは借入金の個人保証の引き継ぎです。本書では前者の自社株式の承継に絞って検討することとしますが、経営者が保有している株式について、親族外の後継者に承継する場合には、直面する課題の典型例として次の3点が挙げられます。

1. 後継者候補が株式の買取資金を用意することができない
2. 親族外の後継者が安定した経営権を確保できるだろうか
3. さらなる次世代への承継の際にまた苦労するのではないだろうか

## ❷ 課題が生じる理由

### (1) 1の理由

　まず、親族外承継における株式の承継においては、後継者が株式の買取資金を用意することが難しいケースが多いということが課題として挙げられます。そもそも、引き継ぐ役員・従業員は、いわゆるサラリーマンであることが多いためです。また、親族内であれば贈与や相続によって引き継ぐことも可能ですが、親族外の場合には移動にあたっては買い取りが中心になります。そのため、現経営者の株式を後継者が個人で買い取る場合の資金負担は一般的に重くなることが多く、親族外承継における大きなハードルになっています。

### (2) 2の理由

　また、役員・従業員が中心となって株式を引き継いだ場合、承継後の株主構成が不安定になることが否めません。親族外の後継者が単独で保有する株式の比率は低くなりがちですし、一方で従業員は退任・退職により構成員が変化していくため、経営の安定性を確保し続けることができるかという心配があります。加えて、従業員がまとまらなくなってきた場合に影響は出ないのか、外部の金融機関や取引先から不安をもたれないか、といった点も気になるところでしょう。承継後の株主構成を安定化させることを通じて、親族外の後継者が安心してリーダーシップを発揮できるような環境を整備したいところです。

### (3) 3の理由

　親族外承継はさらなる次世代に引き継ぐまでの期間が親族内承継に比べて短いという特徴があります。親族内承継であれば後継者の就任時の年齢は40歳前後が多いですが、親族外承継における後継者の就任時の

年齢は 50 歳代以降が多いため、次の承継までの期間もそう長くはありません。そのため、今の承継がうまくいくだけでは納得せず、さらなる次世代への承継のことまで心配されているケースも少なくないのです。

**Q1-5**

「役員・社員」が株式を保有している場合に直面する課題には、どのようなものがありますか？ また、そのような課題が生じる理由についても教えてください。

**A**

## ① 直面する課題の典型例

役員・社員が株式を保有している場合には、直面する課題の典型例として、以下のようなものがあります。

・役員・社員が株を持ったまま退任・退職してしまった。退職時に確実に回収するためには、どのようにすればよいのだろうか

## ② 課題が生じる理由

自社の役員や社員に株式を持たせるケースはよく見かけます。社員の場合には経営参画意識の向上や福利厚生等、役員の場合には経営者意識の向上等、目的は様々です。

ところが、役員・社員は永遠に役員・社員のままで存在するわけではありません。いずれは必ず退任もしくは退職の時期がやってきます。退任・退職時に何もせずにそのまま放っておくと、会社に関係のない社外の株主となってしまいます。会社からすると、役員・社員であったから

17

こそ株式を保有してもらっていたわけで、会社と関係がなくなってしまう退任・退職後は株式を回収しておきたいところでしょう。しかし、それにもかかわらず、かつて役員や社員だった方が株主のまま残っているケースはよく目にします。主な理由として、退任・退職時に何も手を打たなかったというのが多いですが、手放すことを拒まれた、退職時に買い取りを打診したが価格面で合意できなかったという理由もあります。特に役員として貢献度が高かった人などは高い価格での買い取りを希望することもあり、折り合いがつかずに株式を保有したまま会社から離れるようなケースもあります。

　これらの結果として、会社に関係のない株主が誕生することとなり、将来的な分散やトラブルの潜在的可能性が高まることになります。そのため、役員・社員が株式を保有している場合には、退任・退職時に確実に回収することが課題となります。

「社外の個人株主」が株式を保有している場合に直面する課題には、どのようなものがありますか？　また、そのような課題が生じる理由についても教えてください。

・・・・・・・・・・・・・・・・・・・・・・・・・・・・・・・・・・・・・・

### ❶ 直面する課題の典型例

　社外の個人株主としては、Q1-5のように役員・社員が株式を保有したまま退任・退職した場合のほか、経営者の親族、知人・友人といったところが典型例です。特に経営者の親族が個人株主として存在しているケースは非常に多いといえます。このような社外の個人株主が株式を保

有している場合に直面する課題の典型例としては、以下のようなものがあります。

〈トラブルを未然に防止するための課題〉
・元役員、元社員が高齢化。相続が発生する前に買い戻したい。
・経営に関係のない親族に株式が分散している。相続によるさらなる分散を避け、できれば集約化したい。
・社外株主が多く存在。集約化を進めたいがどのような方法があるのだろうか。
・株主に相続が発生。会社のことを全く知らない相続人に株式が渡ることは避けたい。

〈トラブルにつながる可能性のある状況に対応するための課題〉
・株主から突然、株式の買い取りの要請があった。会社としてどのように対応すればよいのだろうか。
・経営に関係のない親族に株式が分散し、後継者の持株比率が低い。会社の経営方針に不満を持っている親族株主もおり、経営がやりにくい。等

## ❷ 課題が生じる理由

### (1) 相続発生により会社との関係が分断されてしまう

　これらの社外の個人株主の一番の問題点は、放っておくとやがては相続が発生し、その株式が会社の意思とは関係なく相続人の手に渡ってしまうことです。すなわち、株式が分散していってしまうのです。それまでは株主とはお互いによく見える関係だったところが、相続によってそれまでの人間関係が分断されてしまうことになります。世代が変わることで会社とのつながりが薄くなり、コミュニケーションをとることが難しくなっていくことも少なくありません。会社にとってはどんな人かもわからず、不気味な存在となってしまいます。また、これまでは会社の

ことをよく理解してくれていた株主が、株式を単なる利用価値のある権利としかみないような株主と入れ替わってしまうことも十分に考えられるのです。それまでの個人的信頼関係がなくなってしまうため、円満な議決権行使から一転してしまうこともあり得ます。これらのことは親族の場合においても同様です。さらに、直系の子どもは会社に理解を示していたとしても、配偶者の意見に影響を受けて株主としての権利を行使するようなケースもあります。

## (2) 会社側に換金を求める

　中小企業の株式は上場会社の株式とは異なり、マーケットで自由に売買することができないため、通常は換金することが困難です。そのため、株式を換金したいと思う株主は、まずは会社に買い取りを打診することになります。会社側からすると、ある日突然、買い取りの要請を受ける可能性があるのです。もちろん、タイミングよく買い取りの受け皿が見つかるとは限りませんし、なかには高値での買い取りの要請や、価格交渉がまとまらずトラブルに発展する等のケースもあります。また、最近では、買い取りを希望している少数株主を支援する会社等も見受けられるようになってきました。インターネット等を通じて中小企業の株式に関する情報の入手も容易になっており、中小企業の少数株主を取り巻く環境は以前に比べて変わりつつあるともいえるでしょう。

　また、株主に相続が発生した際も同様です。相続人から買い取りの要請がくることがありますが、相続はいつ発生するかわかりません。そのため、いつその要請があるかは誰にもわかりませんし、純資産価額などの高額での買い取りを要請される等、会社が提示した価格では納得してもらえず、交渉がまとまらずに膠着状態になるケースもあります。

　以上のことは、特に、業績が良好で利益蓄積が進み、株価が高くなっている会社ほど生じる可能性があるといえます。株主側にとってみれば、

利用価値のある権利になっているのです。

## (3) 少数株主権の行使や経営に影響を与えるケースも

　会社法では少数株主の権利の保護の観点から、**図表1-2**の通り、監督是正権が認められています。そのため、1株でも保有していれば代表訴訟提起権などの単独株主権が行使できますし、少数株主権として一定割合または一定数を保有する株主のみが行使できる権利もあります。これらを利用して株主代表訴訟や帳簿閲覧請求などの権利行使をすること

**図表 1-2** 会社法に定める株主の主な監督是正権

| | 議決権数・株式数の保有割合 | 内　容 |
|---|---|---|
| **単独株主権**<br>(1株の株主でも行使できる権利) | ―― | 代表訴訟提起権（会847等）<br>募集株式発行差止請求権（会210）<br>取締役・執行役の違法行為差止請求権（会360・422）<br>設立無効等の訴権（会828等）<br>累積投票請求権（会342） |
| **少数株主権**<br>(少数の株式を有している株主に認められる権利) | 総株主の議決権の1％以上または300個以上 | 株主提案権（会303〜305） |
| | 総株主の議決権の1％以上 | 総会検査役選任請求権（会306） |
| | 総株主の議決権の3％以上または発行済株式総数の3％以上 | 会計帳簿閲覧請求権（会433）<br>役員の解任請求権（会854）<br>業務執行に関する検査役選任請求権（会358） |
| | 総株主の議決権の3％以上 | 総会招集請求権（会297）<br>役員等の責任軽減への異議権（会426） |
| | 総株主の議決権の10％以上または発行済株式総数の10％以上 | 解散請求権（会833） |
| | 法務省令（会規197等） | 簡易合併等の反対権（会796③等） |

で会社側を困らせるような株主もいます。また、株主総会に出席し、質問や発言等によって株主総会を混乱させるケースもあります。特に株式の買い取り交渉がまとまらない場合によく見られます。

　なお、議決権による基準だけではなく、株式数による基準も設けられているため、仮に議決権を完全に無くした株式であっても株式数によっては認められる権利があることに留意が必要です。

　要は、株式はたとえたった1株でも、コミュニケーションがうまくとれない人の手に渡ってしまうと怖い、ということです。保有比率から考えれば、経営を揺るがすほどではないものの、対応に時間や手間を割かれてしまい、経営者が経営に集中できなくなってしまいます。また、弁護士等への専門家に対応を依頼すれば多額の費用が発生することになります。

　そのほかに、役員への就任や配当の増額など会社運営への介入を主張してくるケースもあります。さらに分散の度合いが増えれば、総会決議に必要な議決権を集めにくくなることもあり、経営に全く関係のない社外株主が増えていくことで後継者にとっては経営がしにくくなっていきます。12頁の通り、組織再編などの意思決定に影響を及ぼすことも考えられます。


　以上のように、個人が保有している株式を放置しておくと中長期的には分散が進み、トラブルの種が増加していきます。そして、そのリスクはある日突然顕在化することがあります。そのため、先に直面する課題として示した通り、トラブルを未然に防止するための課題や、トラブルにつながる可能性のある状況に対応するための課題を抱えることになるのです。

第**4**節 法人株主を起因とする課題

**Q1-7** 「法人株主」が株式を保有している場合に直面する課題には、どのようなものがありますか？ また、そのような課題が生じる理由についても教えてください。

**A**

### ❶ 直面する課題の典型例

法人株主が株式を保有している場合には、直面する課題の典型例として、以下のようなものがあります。

・関係の薄くなった法人株主から買い戻しの要請があった。受け皿の選択肢には、どのようなところがあるのだろうか

### ❷ 課題が生じる理由

法人株主は個人株主のような寿命や相続がありませんし、トラブルが生じることも多くはないでしょう。その意味では個人株主に比べて安定性はあるといえます。しかし、中長期的には株式の買い戻しを要請されるケースがあります。典型的なのは、重要な取引先で取引関係の強化のために保有してもらっていたものの、取引量が細ってきたり、あるいは取引関係がなくなってしまったために買い戻しを要請されるケースでしょう。現実にはよく起こり得る話です。また、法人株主側の環境変化

を起因とする場合もあります。例えば、後継者がおらず廃業するために買い戻しを要請されたり、あるいは法人株主の経営状態が悪化し換金のために買い戻しが打診されるようなこともあります。最近では、上場会社やそのグループ会社において、政策保有株式の整理の一環で上場株式のみならず、長年保有していた中小企業の株式についても売却が検討されるケースがあるようです。その他に、株式上場を前提にベンチャーキャピタルから出資を受けたものの、その後上場準備を断念することになった場合にはベンチャーキャピタルからの買い戻しの必要が生じます。

　いずれにしても、まとまった量の株式を引き受けることができる安定した受け皿が見つかるか、価格面で合意できるか、といった問題が生じます。特に上場会社の場合には、純資産価額を1つの目安に考えていることも多く、税務上の株価を目安に売買することが多い中小企業側と折り合いがつきにくいことが少なくありません。そのため、法人株主から買い戻しの要請があった場合には、その受け皿の選択肢に頭を悩ませることになります。

**Q1-8**　「名義株」とは何ですか？　「名義株」が存
在する場合に直面する課題には、どのよう
なものがありますか？　また、そのような課
題が生じる理由についても教えてください。

**A** ・・・・・・・・・・・・・・・・・・・・・・・・・・・・・・・・・・・・・・

### ❶ 名義株とは

　名義株とは、実際に払い込みを行った人と名義人が異なっている株式
のことをいいます。株主名簿上の株主を名義株主といい、真実の株主は
別に存在します。このような状態になってしまう理由としては、かつて
は株式会社の設立時に最低7人の発起人が必要とされていたために他人
の名義を借りることにより対応したというのが典型例ですが、それ以外
にも、創業者が自らの保有株の一部を親族に渡したことにして名義を変
えてしまっている、社長や会社が株式を買い取ったものの、名義変更を
していなかったといったようなケースもあります。

### ❷ 直面する課題の典型例

　このような名義株が存在する場合に直面する課題の典型例として、以
下のようなものがあります。

・名義株をこのまま放っておくと将来トラブルになりそうだ。元気なうちに名義株を整理しておきたい

## ❸ 課題が生じる理由

　このような名義株は放っておくとトラブルになる可能性が高いといえます。まず、名義人に相続が発生した場合、当初の経緯を知らない相続人から所有権を主張される可能性があります。名義貸与が行われた事実の立証が困難であることが多いため、トラブルの原因になりやすいのです。

　また、相続発生前においても、会社の株価が上昇しているような場合など、名義人が名義変更に応じないケースもあり得るため、留意が必要です。所有権を主張されたうえ、買取請求等の問題が発生する可能性もあります。

　一方で、税務上、このような名義株は、名義人の財産ではなく真の所有者（実質的な所有者）の財産として取扱われます。真の所有者に相続が発生した場合には、名義株は真の所有者の財産として取扱われ、相続税の課税対象となります。真の所有者の相続人がその事実を知らずに相続税の申告を済ませた後、税務調査で指摘され、誰も知らなかった名義株により多額の追加納付をせざるを得なくなったということもあります。

　しかし、名義株を整理しようとして単に名義だけを書き換えた場合には、贈与税が課税されるリスクがあります。整理に際しては、税務面にも配慮しながら慎重に対応しなければなりません。

　時間が経てば経つほど実態がつかみ難くなり、トラブルを引き起こす可能性が増していく。しかし一方で、整理も一筋縄ではいかない。それ

が名義株の怖さなのです。そのため、早いうちに整理しておきたいという課題が生じることになるのです。

 **Q1-9**　「所在がわからない株主」がいる場合に直面する課題には、どのようなものがありますか？　また、そのような課題が生じる理由についても教えてください。

**A**・・・・・・・・・・・・・・・・・・・・・・・・・・・・・・・・・・・・・

## ❶ 直面する課題の典型例

　招集通知が宛先不明で返送されてくる、配当金の振込先がわからない等、所在がわからない株主がいるというケースがあります。このように所在がわからない株主が存在する場合に直面する課題の典型例として、以下のようなものがあります。

> ・所在がわからなくなってしまっている株主がいる。何か問題が起きないうちに整理しておきたい

## ❷ 課題が生じる理由

　会社法上は、株主名簿上の株主に対して連絡をしていれば会社は免責されますが、将来的にトラブルが生じる可能性は否定できないでしょう。株主が突然現れて権利を主張されたり、株券が勝手に第三者の手に渡る等、トラブルの種になりかねません。

　また、会社法上、株式の内容の転換など（例えば、既存の普通株式の一

部を無議決権株式に転換する場合など）全株主の同意が必要とされる手続がありますが、連絡の取れない株主が1名でも存在するかぎり、そのような手続が困難になり、経営上必要な施策が進められなくなってしまいます。M&Aによって会社を売却しようとする際においても、買い手が100％の株式の取得を前提とするケースが多いため、所在不明の株主がいることによって頓挫してしまうこともあります。

　所在のわからない株主がいるということは、単に将来的なトラブルが発生する可能性があるだけではなく、経営の重要な意思決定の足かせにもなりかねないのです。そのため、こちらも名義株と同様に、問題が起きないうちに整理しておきたいという課題が生じることになるのです。

# 第**2**章

# 課題解決の方向性

**中小企業において考慮すべき 3つの視点**

**Q2-1** 第1章において、中小企業は株式に関して中長期的には様々な課題に直面する可能性があることがわかりました。それでは、それらの課題に取り組む際には、どのような視点をもって考えていけばよいのでしょうか？

**A** ・・・・・・・・・・・・・・・・・・・・・・・・・・・・・・・・・・・・・・・・

## ❶ 中長期的に必要な視点

　まず中長期的に必要な視点として、「経営者の保有株の円滑な承継」と「個人株主が保有する株式の分散防止と集約化」があります。

　経営者はいずれは必ず交代しなければならない時期がやってくるため、経営者が保有する株式については、中長期的には後継者へ移動しなければならなくなります。しかし、後継者への株式の移動は簡単にはできません。移動にはコストがかかりますし、他の相続人への配慮も必要になります。このあたりの対応が不十分なまま相続が発生してしまうと、株式が相続人に分散してしまい、様々なトラブルが生じる可能性があるのです。そのため、トラブルを未然に防いでいかにスムーズに後継者へ株式を移動するかという視点が必要になります。この「経営者の保有株の円滑な承継」については、第4章及び第5章で詳述します。

　もう1つは「個人株主が保有する株式の分散防止と集約化」の検討があります。第1章でみた通り、中長期的には個人株主は高齢化し、やが

ては相続が発生して株式は相続人へ分散していくことになります。また、会社側と個人株主の間ではトラブルが起きることがあります。そのため、余計な分散を未然に防ぐとともに、機会があれば安定した受け皿へ移動(集約化)することを意識しておくことも大切な視点となります。この「個人株主が保有する株式の分散防止と集約化」については、第6章で詳述します。

## ❷ 常時必要な視点

　上述の通り、「経営者の保有株の円滑な承継」と「個人株主が保有する株式の分散防止と集約化」が中長期的な視点として必要になるのは、そもそも経営者が安定した経営権を確保するためです。

　経営者が常に安定した経営権を確保したうえで企業を継続・発展させていくために、経営者が保有する株式を、次を担う後継者に円滑に承継する必要があるのです。また、「個人株主が保有する株式の分散防止と集約化」についても同様です。まずは経営者が安定した経営権を確保し続けることができるようにすることが一番の目的になります。もっとも、個人株主は一人ひとりが保有する株式の比率は小さいことが多いため、経営権を揺るがすほどの大きな影響を与えるケースは限られますが、個人株主との間で起きるトラブルによって、経営者が安心して経営に集中できなくなってしまうことは現実に生じています。経営者が安定した経営権を確保するために、また、経営者が安心して経営に集中するために、「個人株主が保有する株式の分散防止と集約化」という視点が大切になるわけです。そして、経営者が安定した経営権を確保することが、中小企業が中長期的に継続・発展するための基盤になるのです。

　以上からすると、中小企業が直面する株式面の課題を検討するに際し

て、まず常に満たされるように考えなければならない視点は「経営者による安定した経営権の確保」であるといえます。これは企業が継続するかぎり常に必要な視点であり、株式に関していかなる対策を考える際においても、まずはこの視点が満たされるように設計する必要があります。

そして、中長期的に必要な視点として「経営者の保有株の円滑な承継」や「個人株主が保有する株式の分散防止と集約化」があるということです。したがって、これらを検討する際には、必ず「経営者による安定した経営権の確保」を満たすことを前提に考えていく必要があります。後継者が安定した経営権を確保できるように、経営者の保有株の承継や個人株主が保有する株式の行方を考えていかなくてはならないのです。この「経営者による安定した経営権の確保」については、第3章で詳述します。

## ❸ 普段、中小企業が株式のことをあまり意識しない理由

なお、このような視点で考えると、普段、中小企業が株式のことをあまり意識しない理由も見えてきます。中小企業では、社長やその親族が大株主として経営権を確保しているケースが大半であるため、普段は安定した経営権が確保できています。また、経営者の交代や個人株主の高齢化・相続発生については短期的には顕在化する話ではありません。

一方、短期的に株主が変化するとすれば、増資や株主の異動になりますが、中小企業においては資金調達は増資ではなく自己資金や借入が中心となることが多いため、増資によって株主構成が変わることもあまりありません。また、株主の異動も普段はあまりないのが通常でしょう。そのため、中小企業が普段は株式のことをあまり意識しないというのは、ある意味必然ともいえるでしょう。

**図表 2-1** 株式の課題に取組む際に必要な 3 つの視点

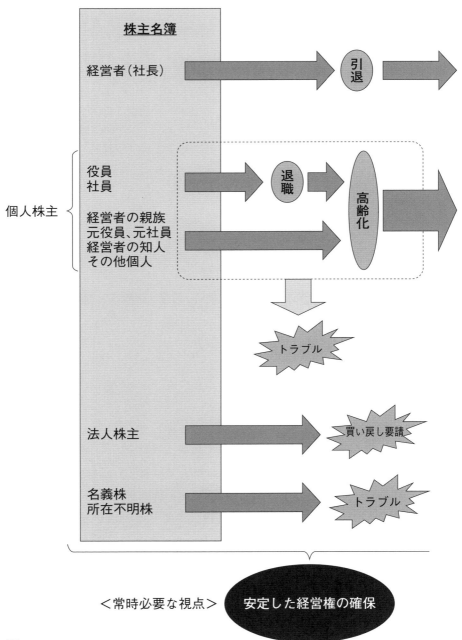

<中長期的に必要な視点>

経営者の保有株の
円滑な承継

相続発生 → 分散

<中長期的に必要な視点>

株式の分散防止・集約化
（安定した受け皿への移動）

## Q2-2 株式の課題の解決に取り組む際に、Q2-1 の3つの視点とあわせて意識しておくとよいことはありますか？

**A** • • • • • • • • • • • • • • • • • • • • • • • • • • • • • • • • • •

　株式の課題の解決に取り組む際には、**Q2-1** の3つの視点とあわせて、以下のような点について意識しておくとよいでしょう。

### ❶ まずは課題として認識する

　先に述べた通り、普段、中小企業において株式や株主が変動することはあまりありません。それ故にそもそも経営課題として意識されにくいという事情があります。しかし、中長期的に考えるとそうもいかなくなってきます。第1章でみた通り、個人株主には寿命があり、放っておくと相続が発生して株主が交代してしまいます。株式の多くを保有していることが多い経営者もまた例外ではありません。そして、これらに対する準備が不十分であると、トラブルが生じる可能性が高まってきます。これはどの企業でも継続するかぎり、いずれは必ず直面する課題なのです。ですから、まずは中長期的な経営課題としてこのような株式・株主に関わる課題があるということを認識することが大切になります。

## ❷ 先送りしない

　しかし、これらの課題はたとえ認識されたとしても先送りされてしまうことが少なくありません。なぜなら、これらの課題は日々の経営には、ほとんど影響がないためです。

　例えば、経営者が保有する株式の承継は、一般的に事業承継対策の一環として検討されることが多いですが、経営者にとって遠い将来の話と思われがちで、頭では理解していても優先順位がどうしても下がってしまいます。また、会社や家庭での影響力を保持するため、先延ばしにするケースもありますし、経営者の死を想起させる問題でもあり、周りから言い出しにくいということも影響しています。

　ただ、失敗したケースの多くは、準備が十分でないまま、相続が発生してしまったケースです。準備には時間も要します。また、取り組む時期が遅くなると取り得る選択肢も狭まるケースが多くなります。そのため、トラブルを未然に防ぐためには、決して先送りせずに、早期に計画的に取り組むことが必要といえます。

　一方、個人株主が保有する株式についても、先送りされがちな課題です。やはり、日々の経営には基本的には影響がなく、実際に取り組むとなれば面倒で時間も手間もかかるからです。この課題で難しいところは、会社の意向だけではどうにもならないところでしょう。なんといっても個人株主という相手が存在する話なのです。そもそも株式を手放すことや価格面で株主側の了解が得られなければ話が進みません。また、会社側としても資金が用意でき、かつ、長期安定的に保有可能な受け皿を探す必要があります。

　そのため、基本的には解決に時間を要する課題で、やはり早めの取り組みが大切といえます。加えて、個人株主とこの手の話ができるのは、株主の顔がよく見えている今の社長だけというケースも少なくありませ

ん。後継者にとっては今の社長に比べて解決が難しくなる可能性が高く、株主側の相続発生によって、さらに意思疎通が難しくなることもあります。社長が元気で、株主の顔が見えているうちに、徐々に整理していくことが望ましいといえるでしょう。

## ❸ 後戻りが難しい

　株式や株主に関することは、一般的に後戻りが難しいといわれています。例えば、相続で3人の子どもに均等に株式が渡ったとしましょう。3人の子どもは長男・次男・三男で、長男が後継社長ですが、次男・三男は経営には全く関与していません。後継社長が次男・三男の手に渡った株式を買い戻すには多額の手元資金が必要となり、あまり現実的ではありません。また、大株主である社長が従業員に自らの株の一部を渡すときも同様です。渡す際の株価は配当還元価額という低い水準の株価でよいのですが、その社長が従業員から株式を買い戻す場合には原則的評価額という高い水準の株価によらなければならないのです。加えて、先に述べたように相手方との合意も必要になり、手元資金の確保と相まって、元の状態に戻すまでには大きなエネルギーが必要になります。元に戻すことが難しくなって後悔しないためにも、やはり早めに取り組むことを意識しておくことが大切なのです。

## ❹ 経営者が安心して経営に集中するために

　株式に関する課題に取り組む一番の目的は安定した経営を継続することですが、それは、株式のことに気を取られることなく、経営者が安心して経営に集中するためでもあります。株式面で生じたトラブルの解決には、けっこうエネルギーを使うものなのです。相手のある話ですし、

経営権や財産権のみならず、背後にある人間関係も影響してきます。親族をはじめ、関係の近い人たちも多く、精神的にプレッシャーがかかることも少なくありません。トラブルに振り回されて経営に集中できなくなってしまうことのないように、事前に対策を施すのが望ましいといえましょう。

### ❺ 自社の将来の株主構成を考え、それに向けて打ち手を考える

中小企業の株主構成を考えるにあたっては、絶対的な解が存在するわけではありませんが、望ましい視点や方向性はあると考えます。中長期的に自社の株主構成はどのように変化していくのか、それに対してどのような対策をしたらよいのかを検討し、それに向けて早めに打ち手を考えていくことが大事です。打ち手を考え、実行に移すまでには時間がかかります。そして、この課題は、経営者の周りの方々だけでは進めることができないものです。経営者ご自身が主体的に取り組まなければ前に進まない経営課題なのです。経営課題として捉え、自社の将来の株主構成を考え、それに向けて打ち手を考える、そしてこれらを先送りせずに主体的に取り組む、といった姿勢が何よりも大切なのです。

## Q2-3 株式に関して日頃から備えておいたほうが よいことはありますか？

**A** • • • • • • • • • • • • • • • • • • • • • • • • • • • • • • • • • • •

　いくら課題の重要性を理解していても、日頃からの備えが不十分なことが原因で、自社の株式に余計な課題が生じてしまっては元も子もありません。自社の株式について無用な分散やトラブルを防止するために、まずは定款の整備や日常的な管理をしっかりしておくことが大事です。

　定款の整備事項としては、主に株式の譲渡制限、株券不発行、相続人への売渡請求があります。自社の株式について無用な分散やトラブルを避ける手段として、いずれも大事な仕組みといえます。また、この他に、仮に導入できる環境であれば導入しておいたほうが望ましいものとして、自己株式の取得における売主追加請求権の排除というものがあります。これらについては、**Q2-4** から **Q2-8** でそれぞれ説明します。

　一方、日常的な管理としては、株主名簿の作成及び管理があります。無用のトラブルを未然に防ぐとともに、所在がわからない株主がいることにより、会社の重要な意思決定に影響を及ぼすことを避けるために、決して軽視することのできない作業になります。株主名簿の作成及び管理については、**Q2-9** で説明します。

**図表 2-2** 株式に関して日頃から備えておくとよいこと

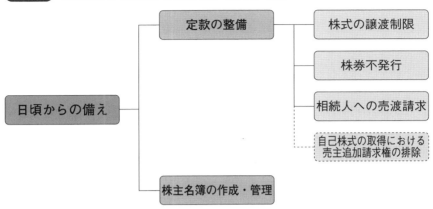

 **Q2-4** 株式の譲渡制限について教えてください。

**A** ・・・・・・・・・・・・・・・・・・・・・・・・・・・・・・・・・・・・・・・・

　多くの中小企業は、株式の譲渡について会社（株主総会。取締役会設置会社においては取締役会）の承認を要する旨を定款で定めています（会107①一、②一、139①）。これは登記事項です。

〈定款例〉

| |
|---|
| （株式の譲渡制限）<br>第××条　当会社の株式を譲渡するには取締役会の承認を受けなければならない。 |

〈登記簿〉

| 株式の譲渡制限に関する規定 | 当会社の株式を譲渡するには、取締役会の承認を受けなければならない。 |
|---|---|

　この譲渡制限は、株式が転々と流通しないよう「分散防止」の定番として広く活用されています。大半の中小企業がこの定款規定を設けていますが、なかにはこの規定がない会社もあります。この規定がないと会社が知らないところで株式が流通し、会社にとって好ましくない者が株主になってしまうリスクが高まります。なるべく早期に定款を変更し、この規定を設けておくことが望ましいといえるでしょう。

　ただし、この定款変更は株式譲渡の自由という株主の権利に大きな制限を課すことになるため、株主総会における決議においては、定款で別段の定めがある場合を除き、議決権を行使できる株主の半数以上で、かつ、その株主の議決権の3分の2以上の賛成が必要とされており、特別決議よりも決議要件が厳しくなっています（会309③一）。また、反対株主には株式の買取請求権が認められています（会116①一）。実際にこの買取請求権を行使され価格決定が裁判に持ち込まれた結果、高い水準の価額で会社が買い取らざるを得なくなった例もあり、実行に際しては株主の動向を十分に考慮したうえで手続を進める必要があります。

株主から譲渡承認請求があったものの、会社がその譲渡を承認しなかった場合には、どうなるのでしょうか？

 ●●●●●●●●●●●●●●●●●●●●●●●●●●●●●●●●●●●●●●●

　実際に株主から譲渡承認請求があったものの、譲受者が好ましい者ではなく会社が拒みたい場合には、単なる譲渡承認請求だけであれば承認しないという対応で済みますが、譲渡を承認しない場合に会社または指定買取人による買い取りを請求されたときには厄介なことになります。

　まず、譲渡承認請求があってから2週間以内に取締役会で譲渡を否決した後、自社で買い取る場合には株主総会の決議を経て40日以内に、別の買取人を指定する場合には10日以内に譲渡承認請求者に通知しなければなりません（会141①、142①、145）。受け皿を決めるのに与えられた時間的猶予は短いのです。また、通知の際、1株当たりの純資産額に対象株式数を乗じた額を供託する必要があります（会141②、142②）。多額になる場合には、資金の確保にも留意しなければなりません。

　難しいのは価格の問題です。売買価格は当事者間の協議で決まりますが、買取通知のあった日から20日以内に裁判所に申し立てることが可能となっています。裁判所は会社の資産状態その他一切の事情を考慮しなければならないこととされており、裁判所に申し立てた場合には、純資産価額等も踏まえた裁決になる可能性もあります。また、協議が成立せず、裁判所への申し立てもない場合には、1株当たり純資産額に対象株式数を乗じた金額が売買価格とされます（会144）。したがって、価格が当事者間の協議で決まらない場合には、会社にとっては高い水準の価格で買い取らざるを得なくなる可能性があります。高い水準の価格になっても致し方ないと覚悟しているのであればよいのですが、なるべく

資金流出は抑えたいと考えているような場合であれば、このようなケースに持ち込まれる前に株主と合意することによって譲渡してもらう等の方法を検討する必要があるでしょう。

このように、会社にとって好ましくない者への譲渡を防ぐことができるといっても、譲渡を承認しない場合に会社または指定買取人による買い取りを請求されたときには、限られた期間内での対応が求められるとともに、買い取りのために会社から多額の資金が流出したり、株主総会の開催（自社で買い取る場合）によって他の株主からも将来的に買い取りの要望が寄せられるきっかけをつくってしまう等の可能性もあるため、留意が必要です。

 **Q2-6** 株券を発行しないようにすることはできますか？

**A** • • • • • • • • • • • • • • • • • • • • • • • • • • • • • • • •

平成 18 年に施行された会社法においては、株式会社は株券の不発行が原則になっています（会214）。これは、上場会社ではより株式の流通性を高めるために株券のペーパーレス化が予定されていたこと、中小企業ではそもそも流通性が求められていないという各社の実情にあわせて、それまでの原則を逆転したものです。

しかし、旧商法のもとで株券不発行としていた会社以外は、会社法の施行によって当然に株券不発行会社になるわけではなく、現在でも多数の中小企業が株券発行会社になっています。登記上は、登記官の職権によって株券発行会社である旨の登記がされています。

〈登記官の職権により株券発行会社である旨の登記がされた登記簿〉

| 株券を発行する旨の定め | 当会社の株式については、株券を発行する。<br>平成 17 年法律 87 号第 136 条の規定により平成 18 年 5 月 1 日登記 |
|---|---|

　すると、株券不所持（会 217）や株券未発行（会 215 ④）の状態であっても、株券発行会社である限り、株主から株券発行の請求があれば株券を発行しなければなりません。

　そこで、株券発行会社においては、株券の譲渡や紛失、盗難のリスクをより一段と抑えるために、株券不発行会社へ移行するとよいでしょう。具体的には以下のような手続を経ることにより株券不発行会社へ移行することができます。

## 【株券不発行会社への移行手続】

　まず、「株券を発行する旨」を削除する定款変更を行います。定款を変更するには、株主総会を開催し、議決権を行使できる株主の議決権の過半数を有する株主が出席し、その出席した株主の議決権の 3 分の 2 以上の同意を得て行う必要があります（会 466、309 ②十一）。

〈定款例〉

> （株券の不発行）
> 第××条　当会社の株式については、株券を発行しない。

　次に、定款の変更の効力が発生する日の 2 週間前までに以下の事項を公告し、かつ株主に通知をします（会 218 ①）。

・株券を発行する旨の定款の定めを廃止する旨

・定款変更の効力発生日

・上記の日に株券は無効となる旨

　その後、定款変更の効力発生日をもって、株券は無効になります（会218②）。そして、定款の効力発生日から2週間以内に、本店所在地で変更の登記を行います。なお、すでに発行していた株券については回収する必要はありません。

## Q2-7　相続人への株式売渡請求とは何ですか？

**A** ●●●●●●●●●●●●●●●●●●●●●●●●●●●●●●●●●●●●●●

　株式の譲渡制限があっても、4頁に記載の通り、相続などの一般承継による株式の移転を防ぐことはできません。

　そこで会社法では、譲渡制限株式について、定款で定めることにより、一定の期間内に会社が相続人に対して、株式を売り渡すことを請求することができる制度を設けています（会174）。これによって、会社は相続人から自社株式を強制的に買い取ることができます。

〈定款例〉

> 第××条　当会社は、当会社の株式を相続その他の一般承継により取得した者に対し、株主総会の決議をもって、当該株式を当会社に売り渡すよう請求することができる。

　定款を変更するには、株主総会を開催し、議決権を行使できる株主の議決権の過半数を有する株主が出席し、その出席した株主の議決権の3分の2以上の同意を得て行う必要があります（会466、309②十一）。

　この制度は、株式の譲渡制限手続の規定を補い、しかも相続人からピンポイントで株式を買い取ることができる点が評価され、実際に導入している中小企業も多くなっています。

　しかし、この規定を導入すれば相続人への分散については一件落着かというと、そうとも言い切れません。実際に発動せざるを得ないようなケースにおいては、価格決定が裁判に持ち込まれる可能性が高く、会社側にとっては買取価格が高い水準になってしまうおそれがあります。そのため、現実には、買取価格が高くなったとしても相続人の手に自社の株式が渡るのを何としてでも避けたいというようなケースに限られてくるのではないかと思われます。

　また、現経営者に相続が発生した場合の後継者への株式の相続についても、会社から売渡請求を行うことができるため、少数株主によるクーデターや乗っ取りのリスクも理屈のうえでは残ります。このようなリスクが気になる場合には、例えば、買い取りたい少数株主に相続が生じる都度、定款変更により本規定を導入し、買い取った後に定款の再変更により本規定を取り除く等、対応策を検討する必要があります。

　以上の点も含め、本規定については **Q6-20** で詳しく説明しているため、そちらをご参照ください。

**Q2-8** 自己株式の取得における売主追加請求権の
排除とは、どのようなものですか？

**A** ● ● ● ● ● ● ● ● ● ● ● ● ● ● ● ● ● ● ● ● ● ● ● ● ● ● ● ● ● ●

　会社が特定の株主から自己株式として株式を買い取る場合には、株主
平等の原則から、他の株主にも売却の機会を与えるために売主追加請求
権が認められています（233頁参照）。そのため、実務上は、この規定が
存在するために、特定の株主から会社が株式を取得することを断念せざ
るを得ないというケースが少なくありません。自己株式化は、納税資金
の捻出をはじめ、分散防止や集約化に際して有効な選択肢の1つといえ
ますが、上記の理由から活用できない場合もあるのです。

　この売主追加請求権について、会社法では、定款に規定することによっ
て排除することを可能にしています（会164①）。具体的には、以下の2
項にあるような規定を定款に盛り込みます。

〈定款例〉

---

（自己株式の取得）
第××条　当会社は株主総会の決議によって特定の株主からその有する
　　株式の全部または一部を取得することができる。
　2　前項の場合、当該特定の株主以外の株主は、自己を売主に追加す
　　ることを請求することができない。

---

　これによって、他の株主の意向を気にすることなく、会社が特定の株
主から自己株式として株式を買い取ることが可能になります。

　ただし、この規定を追加するための定款変更については株主にとって重大な影響を及ぼす変更となるため、株主全員の同意を得ることが必要とされており、導入のハードルは高くなっています（会 164 ②）。そのため、例えば、創業者の持株比率が高く、全株主の同意を得ることが容易な時期に、この規定をあらかじめ導入しておくことが考えられます。後々になって、会社が特定の株主から自己株式として株式を買い取る必要が生じた場合に役立つ可能性は十分にあるといえるでしょう。

## Q2-9　株主名簿の作成や管理について教えてください。

　株式会社においては、自社の株主を把握・管理するために株主名簿を作成しなければならないことが会社法で定められています。具体的には、株主の氏名及び住所、保有株式の種類と数、取得年月日、株券を発行している場合はその番号を記載します（会 121）。

**図表 2-3** 株主名簿の記載例

## 株 主 名 簿

ＸＸＸＸ株式会社

| 株式の種類 | 株券番号 | 株式取得日 | 株式の数 | 氏名または名称 | 住 所 | 備 考 |
|---|---|---|---|---|---|---|
| 普通株式 | ― | 昭和ＸＸ年Ｘ月Ｘ日 | △△株 | ○○　○○ | 東京都ＸＸ区ＸＸ丁目…… | 株券不発行 |
| 普通株式 | ― | 昭和ＸＸ年Ｘ月Ｘ日 | △△株 | ○○　○○ | 東京都ＸＸ区ＸＸ丁目…… | 株券不発行 |
| 普通株式 | ― | 平成ＸＸ年Ｘ月Ｘ日 | △△株 | ○○　○○ | 東京都ＸＸ区ＸＸ丁目…… | 株券不発行 |
| 普通株式 | ― | 平成ＸＸ年Ｘ月Ｘ日 | △△株 | ○○　○○ | 東京都ＸＸ区ＸＸ丁目…… | 株券不発行 |
|  |  |  |  |  |  |  |
|  |  |  |  |  |  |  |
|  |  |  |  |  |  |  |
|  |  |  |  |  |  |  |
|  |  |  |  |  |  |  |
| 合　計 |  |  | △△△株 |  |  |  |

　しかし、中小企業においては株主数が少なく移動の機会も限られるため、そもそも株主名簿が作成されていなかったり、設立時に作成したのみでその後は更新されていない、といったケースも少なくありません。株主がわかる資料が法人税申告書の別表二しかないという会社もよく見かけます。

　会社法上は、会社が株主に対して通知などを行う際は、すべてこの株主名簿によればよいとされていますが（会126）、株主名簿の作成・更新をきちんと行っていないと、株主名簿上の株主とは別に真の株主がいた場合にはトラブルにもなりかねません。

　また、所在のわからない株主がいる場合には、全株主の同意が必要な手続をとることができなくなりますし、M&Aの際にこれが理由で頓挫してしまうケースもあります。

　したがって、株主名簿の作成・更新を通じて、日頃から株主の把握・管理をしっかりやっておくことが望ましいといえます。その際には、誰

が何株を保有しているのかだけではなく、所在も把握しておくことが大切です。委任状が宛先不明で戻ってきた場合にはすぐに調査をする、委任状の返送がないことが続けば個別に連絡をとる等によって、日頃から株主の所在の把握に努めるべきでしょう。

普段の異動時に気をつけておいた
ほうがよいこと

**Q2-10** Q2-1で見た通り、中小企業の株式や株主の
ことを考える際には「常時必要な視点」と「中
長期的に必要な視点」があるということが
わかりました。それでは、普段、株主が異
動するような事象が生じる場合には、ど
のように考えればよいのでしょうか？

**A**・・・・・・・・・・・・・・・・・・・・・・・・・・・・・・・・・・・・・

　中小企業において、普段、株主の異動が生じるケースは限られますが、
比較的可能性があるものとして、例えば従業員への株式の移動や増資な
どが考えられます。これらの検討の際には、それぞれの行為の本来の目
的に加えて、先述した3つの視点を合わせて考慮すると、将来生じ得る
課題をできるだけ避けることが可能になります。

### ❶ 従業員への株式の移動

　例えば、経営者が自ら保有する株式の一部をモチベーションのアップ
や福利厚生等の目的で従業員に移動することを考えているとします。当
然、その目的を第一に考えることになりますが、一方で、「常時必要な
視点」として、株式の移動後も経営者が引き続き安定した経営権を確保
できていることが大前提です。この視点からは、万が一のことも考える
と従業員が保有する比率は全体の3分の1未満には抑えておきたいとこ
ろです。

また、「中長期的に必要な視点」として、将来的に後継者へ株式を移動することを考えると、経営者が保有している株式の一部を従業員に持たせることにより、後継者が引き継ぐ株数が減少し、結果的に移動コストの抑制にもつながるといえます。そのため、そのような視点からはある程度まとまった数量を従業員に移動したほうが効果があるといえるかもしれません。

一方、個人株主が保有する株式の分散防止と集約化の視点からは、従業員に株式を直接保有させると退職時にトラブルとなって回収できない可能性があります。そのようなトラブルを防止するために、あらかじめ持株会を組成し、持株会を通じて株式を保有してもらうことが考えられます。

このように、本来の目的に加えて先述した3つの視点を持つことで、将来起こり得るトラブルを未然に防ぐことができます。

## ❷ 増 資

次に、増資のケースを考えてみましょう。増資の場合、代表的な目的としては資金調達や信用力の向上等がありますが、一方で、「常時必要な視点」として、安定した経営権の確保を意識する必要があります。中小企業の場合、経営者が増資を引き受けるケースが多いですが、この場合には安定性がより増すため、気にする必要はありません。しかし、一般的に調達額と安定株主の持株比率はトレードオフの関係にあり、調達額や引き受け先の属性によっては安定した経営権が害される可能性も出てくるため、この点については十分に留意することが必要です。ただ、会社の事業の状況によっては、安定性よりも資金調達を優先せざるを得ない場合もあるでしょう。

「中長期的に必要な視点」からは、将来的に後継者へ株式を移動する

ことを考えると、中長期的に安定株主となり得るようなところに保有してもらうことで、結果的に移動コストの抑制につながる場合もあります。また、仮に後継者がすでに決まっており、資金的余裕があれば、後継者が増資を引き受けることで、その部分についての移動は考慮する必要がなくなります。

　また、個人株主が保有する株式の分散防止と集約化の視点からは、例えば経営者の知人・友人のような個人に引き受けてもらうようなケースは、将来、相続による分散のリスクや買い戻し要請等が生じる可能性があるため、それらの点にも留意しつつ、増資の目的の優先度合いを見ながら、実際に引き受けてもらう必要性を慎重に検討するとよいものと考えられます。

**Q2-11** 株式上場を目指すことになった場合には、
どのような視点で考えればよいのでしょう
か？　Q2-1で見たような視点との違いはあ
るのでしょうか？

**A** ∙∙∙∙∙∙∙∙∙∙∙∙∙∙∙∙∙∙∙∙∙∙∙∙∙∙∙∙∙∙∙∙∙∙∙∙∙∙∙∙∙

　Q2-10までで述べてきたことは、株式上場を考えることのない非上
場会社を対象にしています。株式上場を目指すことになった場合には、
別の視点が必要になってきます。一般的には、安定した経営権の確保は
同様ですが、その他に資金調達、上場基準の充足、創業者利潤の獲得、
役職員へのインセンティブプラン（ストックオプションの付与や従業員持
株会の組成など）等が主な視点となります。

　本書では詳しくは触れませんが、具体的には、まず事業計画をもとに
資金需要を充足するための手法を検討していきます。株式上場を目指す
ような場合には、上場時のみならず、上場前においても成長を加速させ
るため、借入だけではなく増資による資金調達をする機会も増えるで
しょう。一方で、増資による資金調達によって安定株主比率は一般的に
は低下していきます。そこで、経営の機動性を確保する観点から、安定
株主の確保を中心にどのような株主構成にしていくかを検討することも
重要になります。この資金調達と経営権の確保を軸に、上場基準の充足
や創業者利潤の獲得、役職員へのインセンティブプラン等も検討してい
くことになります。

この際に、あわせて上場時の株主構成や発行済株式総数等の目標を定め、そこに到るまでの手法（株式移動、増資、株式分割、ストックオプションなど）をいつ、どのように実施していくかを計画していきます。もっとも、簡単に決まるものではなく、環境変化等もあるため、この作業を試行錯誤的に繰り返しながらプランを確定していくということになります。

　したがって、Q2-1で見たような非上場会社の視点に比べると、後継者への円滑な株式承継や、個人株主が保有する株式の分散防止はあまり意識されなくなります。上場すると所有と経営の分離が進み、株式は一般投資家に広く流通することになり、市場で株式が自由に売買可能となるためです。このため、株式上場を目指すことになった場合の株式に関する視点は、非上場会社のそれと大きく異なるということがいえるでしょう。

　厄介なのは、上場を目指して資本政策を組んできた会社が上場準備を断念する場合です。上場前提で取り組んできた資本政策の転換が必要になり、株式に関する視点が大きく変わってしまうことになります。例えば、上場を前提に高値で出資をした個人株主やベンチャーキャピタルなどから買い戻しを求められたり、従業員持株会を退会する際の価格が時価とされているために従業員持株会の維持が困難になる等、資本政策で頭を悩ますことになるケースも実際には少なくありません。このようなケースでは、限られた選択肢のなかで買い取り可能な受け皿を用意し、株主側との交渉のなかで落としどころを探っていくことが現実には多いものと考えられます。

第**3**章

# 安定した経営権の確保

**Q3-1**
第 2 章において、株式に関する課題を検討する際に「常時必要な視点」として経営者が安定した経営権を確保していることが挙げられていました。それでは、安定した経営権とは、具体的にどのような状態のことをいうのでしょうか？

**A** ● ● ● ● ● ● ● ● ● ● ● ● ● ● ● ● ● ● ● ● ● ● ● ● ● ● ● ● ● ● ● ● ● ● ● ●

### ❶ 株主総会の決議の種類

　会社法においては、株式会社の最高意思決定機関は株主総会とされ、株主総会による決議が必要な事項が定められています。通常は 1 株につき議決権は 1 個とされており（会 308 ①）、保有する議決権割合が多ければ多いほど、会社に対する支配権は強くなります。

　非公開の取締役会設置会社を前提にすると、株主総会の決議の種類、定足数（議事を行いその意思を決定するのに必要な最小限度の出席数）、決議要件、主な決議事項は**図表 3-1** の通りです。

**図表 3-1** 株主総会の決議の種類とその具体的内容

| 決議の種類 | 定足数 | 決議要件 | 主な決議事項 |
|---|---|---|---|
| 普通決議<br>（会 309 ①） | 議決権を行使できる株主の議決権の過半数の株主（定款で定足数の排除が可能※） | 出席株主の議決権の過半数の賛成 | ・計算書類の承認（会 438 ②）<br>・剰余金の配当（会 454 ①）<br>・剰余金の処分（会 452）<br>・取締役の選任・解任、監査役の選任（会 329 ①、339）<br>・取締役・監査役の報酬等の決定（会 361 ①、387 ①）<br>・自己株式の取得（会 156 ①）<br>・総会検査役、業務財産検査役の選任（会 316）<br>・延期・続行決議（会 317）<br>・会社と取締役間の訴えでの会社の代表者の選定（会 353）<br>・会計監査人の出席要求決議（会 398 ②）<br>・準備金の額の減少（会 448 ①）<br>・資本金の額の増加（会 450 ②）<br>・準備金の額の増加（会 451 ②）等 |
| 特別決議<br>（会 309 ②） | 議決権を行使できる株主の議決権の過半数の株主（定款で3分の1まで下げることが可能） | 出席株主の議決権の3分の2以上の賛成（定款で3分の2を上回ること、頭数要件を加えることが可能） | ・譲渡不承認の場合の会社による買い取り（会 140 ②）<br>・特定の株主からの自己株式の取得（会 160 ①）<br>・全部取得条項付種類株式の取得（会 171 ①）<br>・譲渡制限株式の相続人に対する売渡請求（会 175 ①）<br>・株式の併合（会 180 ②）<br>・募集株式・募集新株予約権の発行における募集事項の決定（会 199 ②、238 ②）<br>・募集事項の決定の委任（会 200 ①、239 ①）<br>・募集株式・募集新株予約権の株主への割当を受ける権利の付与（会 202 ③四、241 ③四）<br>・累積投票取締役、監査役の解任（会 339 ①、342）<br>・役員等の責任の一部免除（会 425 ①）<br>・資本金の額の減少（定時株主総会による欠損填補の場合を除く）（会 447 ①） |

| | | | |
|---|---|---|---|
| | | | ・金銭以外の配当（会454④）<br>・定款変更、事業譲渡等、解散（会第2編6章〜8章）<br>・組織変更、合併、会社分割、株式交換・移転（会第5編） |
| 特殊決議<br>（会309③） | —— | 議決権を行使できる株主の半数以上で、かつ、その株主の議決権の3分の2以上の賛成<br>（定款で上回ることが可能） | ・公開会社から非公開会社への定款変更<br>・吸収合併消滅株式会社、株式交換完全子会社、新設合併消滅株式会社、株式移転完全子会社が公開会社であり、株主へ交付する対価が譲渡制限株式等である場合（会783①、804①） |
| 特殊決議<br>（会309④） | —— | 総株主の半数以上で、かつ、総株主の議決権の4分の3以上の賛成<br>（定款で上回ることが可能） | 非公開会社において、剰余金の配当、残余財産の分配、株主総会における議決権につき株主ごとに異なる取扱いを定める定款変更（会109②） |

※役員の選解任に関する決議は、定足数を3分の1未満にすることはできない（会341）

## ❷ 安定した経営権とは

　前項を踏まえると、まず総議決権の過半数を保有していれば、普通決議が必要な事項について意のままに決めることが可能になります。特に取締役の選任・解任ができる点が大きいといえるでしょう。日常的な業務執行は取締役が担うことになるため、取締役の任免権を確保できれば、日常的な経営は問題なく遂行できるものと考えられます。その他、配当、決算書類の承認、監査役の選任なども自らの意思で決めることが可能になります。

　さらに、総議決権の3分の2以上を保有していれば、特別決議が必要とされる重要な意思決定事項を自由に決めることができるようになりま

す。定款の変更、増資、合併などの組織再編、監査役の解任などを決定することができます。

逆に、総議決権の３分の１超を敵対的な株主に保有されてしまうと、総議決権の３分の２以上の賛成を必要とする株主総会の特別決議を否決する権利を持たれてしまうことになります。最悪の場合には、重要事項の否決が繰り返されることにより重要事項の意思決定ができなくなるデッドロック状態に陥ってしまう可能性があります。

**図表3-2** 株主総会における議決権割合と効力

| 議決権割合 | 効　力 |
|---|---|
| ３分の２以上 | 株主総会の特別決議を成立させることができる |
| 過半数（２分の１超） | 株主総会の普通決議を成立させることができる |
| ３分の１超 | 株主総会の特別決議の成立を阻止できる |

以上からすれば、総議決権の過半数を保有していれば日々の安定した経営が可能になるといえますし、さらに総議決権の３分の２以上を保有していれば、重要な意思決定事項についても他の株主の意向に左右されることなく進めることができるため、経営権の安定性はより強化されるといえるでしょう。

もちろん、全株式を経営者が単独で保有していることが最も安定していますが、現実にはそのようなケースはあまり多くはありません。まずは、経営者単独で最低でも総議決権の過半数、できれば３分の２以上を保有できていることが望ましいといえます。経営者単独での確保が難しい場合には、経営者に協力してくれる安定株主（Q3-2、Q3-3）も含めて、総議決権の過半数や３分の２以上を目指すことになります。

第 **2** 節　安定株主の候補先

## Q3-2　安定株主の候補先としては、どのようなところが考えられますか？

**A** ● ● ● ● ● ● ● ● ● ● ● ● ● ● ● ● ● ● ● ● ● ● ● ● ● ● ● ● ● ● ●

　一般的に、安定株主とは経営者の意図に賛同してくれる長期保有の株主のことをいいますが、特に中小企業においては株主一人ひとりが無視できない存在であることが多いため、加えて、円滑なコミュニケーションを長期間にわたって継続できることも必要といえるでしょう。このような安定株主の候補としては、もちろん一概にはいえませんが、具体的には経営者の親族、非同族の役員・社員、取引先、金融機関などが考えられます。

　なお、24頁に記載の通り、最近では、上場会社やそのグループ会社において、政策保有株式の整理の一環で上場株式のみならず長年保有していた中小企業の株式についても売却が検討されるケースがあるようです。次のうち、取引先や金融機関の保有方針については、今後の動向に注意が必要なものと考えられます。

### ❶ 経営者の親族

　一般的に、経営者にとって親族は、親族以外の株主に比べて最も信頼でき、経営に協力してくれる存在であるということができるでしょう。実際に、経営者の保有する株式の比率が低い場合でも、経営者の親族が

保有する持ち分を合わせると十分な議決権を確保できているというようなケースが多くあります。ただし、相続等によって株主が代わったときや、求心力のあった先代経営者が亡くなったあと、株主の配偶者の意見等によって、それまでの友好的な態度が一変してしまうこともあるため、留意が必要です。いくら親族といっても、未来永劫、安定株主のままとは限らないのです。

　なお、親族が資産管理会社を通じて株式を保有しているケースもよく見かけますが、こちらも同様に考えることができるでしょう。

## ❷ 非同族の役員・社員

　絶対的とまではいえませんが、経営者と親族関係にない非同族の役員や社員も、一般的には安定株主ということができるでしょう。ただし、退任や退職の時期がくれば、次の引き受け手を探さなければなりません。引き受けの希望者が集まらずに、株式が宙に浮いてしまうこともあります。中長期的に安定株主として機能してもらうためには、受け皿をきちんと用意しておく必要があるのです。そのため、会社側にとっては安定配当を継続する等、株式を保有することに魅力を感じてもらえるような努力も必要といえるでしょう。

## ❸ 取引先

　取引関係の深い相手に株式を保有してもらうことで、取引関係をより安定化させることが期待できる場合や、戦略的なパートナーとして株式を保有してもらう場合など、取引先に株式を引き受けてもらうことがあります。基本的には、取引先は安定株主になりやすい存在といえますが、取引関係は時間とともに変化していきます。取引量が細ってきたり、パー

トナーとして魅力が薄れたような場合には、株式の買い戻しを要請されることもあり、絶対不変の関係が維持できるわけではありません。また、取引先が株主になった場合には、決算内容を知られることになる点に留意が必要です。利益計上額や利益率が明らかとなり、価格交渉等に影響を及ぼす可能性も否定できないところです。なお、特定の取引先の持株比率が高くなると、外部からは系列会社と見られやすくなり、事業展開上デメリットとなることもあります。

## ❹ 金融機関

過去においては典型的な安定株主でしたが、資本効率が求められる昨今の状況の中で、新たに安定株主として株式を保有してもらうことは期待しにくくなっているといえます。一方、中堅・中小企業で過去に株式を保有してもらい現在に到る場合には、無理に解消を求めてくることも現状はあまりないようですが、冒頭にも記載の通り、今後の動向には注意が必要でしょう。なお、銀行法において、銀行は国内の一般事業会社の議決権の5%を超えて取得・保有することが原則として禁止されているため、銀行間の合併や自己株式化等によって銀行の議決権比率が5%を超えた場合には、超過分の受け皿を探す必要が生じる点に留意が必要です。

**Q3-3** 安定株主の候補先として中小企業投資育成株式会社というところがあると耳にしました。どのような会社なのでしょうか？

**A** ● ● ● ● ● ● ● ● ● ● ● ● ● ● ● ● ● ● ● ● ● ● ● ● ● ● ● ● ● ●

　中小企業投資育成株式会社（以下、「投資育成会社」という）とは、1963年に当時の通商産業省が、「中小企業の自己資本の充実と健全な成長発展を図る」ことを目的に、特別法（中小企業投資育成株式会社法）に基づいて設置した国の政策実施機関です。全国都道府県や商工会議所・民間金融機関等から幅広く出資を受け、東京・名古屋・大阪に3社設置されています。現在も、経済産業省中小企業庁の監督を受けながら、中堅・中小企業への投資を通じ、株主の立場から企業の経営支援にあたっています。

**図表 3-3** 投資育成会社の仕組み

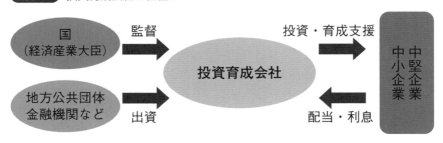

　具体的には資本金3億円以下の中小企業を対象に、議決権比率が50％以下の範囲内で出資を行っています。株式の保有期間に定めがないことが大きな特徴で、自己資金で出資を行っているという性格を背景に、出資先企業の自主性を尊重する株主として、長期にわたり安定的に経営陣の後方支援を行います。また、出資先企業に対する経営干渉や役員派

遣を行わず、配当を期待する株主として、同じく長期にわたり経営の良き相談相手となります。そのため、特別法に基づき設立・運営されている公的機関という性格も相まって、中小企業にとって安心・信頼して付き合える長期安定株主となり得るのです。

**図表 3-4** 全国を 3 社に分割して運営

**図表 3-5** 3 つの特徴

そこで、近年では、自己資本を量的に充実させるだけでなく、株主構成を見直すために投資育成会社の出資を活用する企業も増えてきました。例えば、業歴の長い会社においては、親族内や社外など経営に関係のない株主に株式が分散することにより、経営権が不安定化するケースが少なくありません。経営権の安定化は企業を継続・発展させていくためには不可欠であり、株主の理解を得ながら株主構成を見直す際には、投資育成会社の活用も有力な選択肢の1つとなります。自己資本の充実は、単に量的な充実だけではなく、株主構成を安定させるという質的な充実もまた大切なのです。

　一方で、親族外の後継者への承継の際に、投資育成会社の出資が活用されるケースも増えています。例えば、それまでの同族経営から非同族経営へ移行するような場合には、投資育成会社が経営陣を支える長期安定株主となることで、よりスムーズに非同族経営へ移行していくことができます。また、もともと非同族経営の会社においては、投資育成会社が核となるような長期安定株主となることで、経営者が交代しても安定した経営の継続が可能になります。さらに、最近ではMBO（役員や従業員が事業の継続を前提に株式を買い取り経営権を得ること）によって会社を承継する中小企業も少なくありませんが、その際に投資育成会社の出資を活用されるケースもあります。経営者の高齢化が進み、後継者不在で悩まれている企業が増えるなかで、投資育成会社の出資が選択肢として注目されています。

**Q3-4** 中小企業においては、普段は経営者が安定株主も含めて安定した経営権を確保しているケースが多いと思いますが、この安定性はどのような場面で崩れる可能性があるのでしょうか？

**A** ・・・・・・・・・・・・・・・・・・・・・・・・・・・・・・・・・・・・・・・・・・・・

　中小企業においては、普段は経営者が安定株主も含めて安定した経営権を確保しているケースが大半ですが、この安定性は、例えば、以下のような場面で崩れてしまう可能性があります。

## ❶ 経営者の交代時

　経営者はいずれは引退しなければならない時期がやってくるため、その際には経営者が保有している株式を後継者へいかにスムーズに引き継ぐかという課題が発生します。経営者が保有している株式のすべてを後継者が引き継ぐことができればよいのですが、後継者以外に分散してしまう場合には、それまでの安定性が崩れてしまう可能性があります。そのため、経営者が交代する際には、後継者が安定した経営権を確保できるようにするという視点を持つことが何よりも大切になります。

## ❷ 後継者にとって安定度は先代と異なるケースも

　先代社長にとっては安定株主であっても、後継者の立場からすると安定度合いが下がるケースもあります。株主に先代社長の知人や友人がいる場合、後継者からみれば赤の他人であることも少なくありません。また、親族については、先代社長にとっては信頼関係の深い間柄であっても、後継者にとってはそうでもないことが往々にしてあります。例えば、先代社長の兄弟が大株主だったとしましょう。後継者である先代社長の息子からみれば、叔父・叔母にあたる間柄です。兄弟関係だった先代社長に比べて繋がりも薄くなり、物もなかなか言いにくいというケースは少なくないのではないでしょうか。経営上の重要な事項を決めるに際して、いちいち顔色を伺わなくてはならないと、リーダーシップを発揮しにくくなってしまうことも考えられます。親族であるため、広い意味での安定株主ではありますが、世代が代わると安定度合いは必ずしも同じではないケースもあるのです。

　そのため、後継者にバトンタッチをする際には、改めて後継者を中心に据えて自社の株主構成を見直してみることが必要です。後継者にとって経営がやりにくいようであれば、先代経営者の目が黒いうちに、後継者以外の大株主の影響力を弱めるような選択肢を検討することも一案でしょう。

　もちろん、カリスマ性や求心力等があれば、株式の保有比率が低くても特に問題ないのでしょうが、創業者に比べて2代目・3代目の経営者がその域に達するまでには時間もかかります。経営権の確保という法的な後ろ盾を整えておくことにより、トラブルを未然に防ぎ、後継者が安心してリーダーシップを発揮することができるのです。

# ❸ 株主側の交代

　一方、株主側の交代によって安定性が崩れる場合もあります。例えば、親族株主に相続が発生し、その子ども達に株式が分散してしまった場合、子ども達に会社経営に対する理解が同じようにあるとは限りません。特に子ども達が会社に入社しておらず、会社に縁がないようなら尚更です。また、その子ども達の配偶者の意見に影響を受けることもあります。株式を単なる権利としか考えずに、高額での買い取りの要請をしてみたり、会社経営に口をだしてみたり、といった株主になってしまうことも十分に考えられるのです。一方、会社に入社している場合には、自らの処遇に不満をもって株主の権利を行使したり、株主であることを盾に自らの処遇の改善を求めてくることもあります。

　また、社外の株主に相続が発生するようなケースでも同様です。会社のことを何も知らない相続人の手に株式が渡ることにより、これまでの信頼関係が分断されてしまい、実質的に株主が赤の他人に入れ替わってしまうことも十分に考えられます。

　このように、株主側において相続による入れ替わりが進むにつれて、円滑なコミュニケーションをとることが難しい株主が増えていく可能性があります。その結果、後継者にとって経営がしにくくなることも考えられます。そのため、経営者以外の個人株主についても、中長期的にどのように変化していくか、後継者からみて安定した経営権を確保し続けることが可能かといった視点から検討しておくことが大切になります。

**会社が自己株式の取得をした場合に、安定性に影響することはありますか？**

　平成13年に自己株式の取得が認められるようになってから、会社が自社の株式を買い取る行為は中小企業においても一般的になりました。特に、株式の買い取りの受け皿がないような場合には、よく用いられています。

　ただし、自己株式化を進めた場合に、特に弊害がないのかというと、そうではありません。下記の例は、創業家が保有株をすべて手放して会社から離れるケースです。他に安定して保有できる受け皿がないことから、会社が自己株式として買い取りましたが、その結果、残った株主の議決権比率が上昇することとなりました。取引先の議決権比率が3分の1を超え、経営陣にとっては気になる存在となり、買い取り前は創業家

**図表 3-6** 自己株式化による議決権比率の変化例

| 株主 | 株数 | 議決権 |
|---|---|---|
| 創業家 | 400 | 40% |
| 役員 | 180 | 18% |
| 従業員 | 100 | 10% |
| 取引先 | 220 | 22% |
| A 銀行 | 50 | 5% |
| 社外の個人 | 50 | 5% |
| 合計 | 1,000 | 100% |

| 株主 | 株数 | 議決権 |
|---|---|---|
| 役員 | 180 | 30% |
| 従業員 | 100 | 17% |
| 取引先 | 220 | 37% |
| A 銀行 | 50 | 8% |
| 社外の個人 | 50 | 8% |
| 自己株式 | 400 | ― |
| 合計 | 1,000 | 100% |

と役員・従業員をあわせて総議決権の3分の2超を確保していましたが、買い取り後においては、役員・従業員で過半数に届かない状況となってしまいました。また、A銀行の議決権比率も5%を超えたため、超過分の受け皿を探す必要が出てきました。

　このように、自己株式は議決権を有しないため（会308②）、自己株式化によって既存株主の議決権比率が上昇してしまうという結果をもたらします。特に、大株主の保有株を自己株式化した場合や、社外に分散していた株式を自己株式として買い集めた場合などは、経営権が弱まったり、株主間のパワーバランスに変化が生じるケースがあるため、留意が必要です。

**Q3-6** 経営者が保有する株式について、後継者への移動を検討する際、かつては、遠い親族に株式を分散させることにより、経営者の保有数量を減らすこともあったようです。なぜでしょうか？

　親族で株式の大半を保有している場合には、税務上の株価は同族株主として原則的評価方式（152〜154頁参照）が適用されます。そのため、たとえ少量の株式であっても、親族間で移動した場合には高い水準での株価による移動となるのが通常です。

　ところが、中心的な同族株主※が存在する場合には、この中心的な同族株主に該当せず、役員でもない親族が株式を取得する場合で、取得後の議決権割合が5%未満であれば、その親族が取得する株式は配当還元価額により評価されます。仮に本人がすべての株式を保有しているケー

**図表 3-7** 中心的な同族株主の範囲

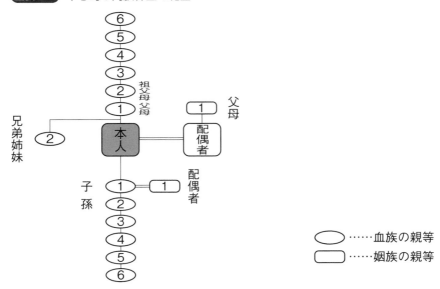

……血族の親等
……姻族の親等

スで考えると、**図表 3-7** に含まれないような親族、例えば、本人から
見て叔父・叔母、従兄弟、兄弟姉妹の配偶者、配偶者の兄弟姉妹などが
該当します。したがって、このような親族に対しては、少量の株式であ
れば資金負担を抑えた形で移動することができるのです。

> ※「中心的な同族株主」とは、課税時期において同族株主の1人並びにその株主
> の配偶者、直系血族、兄弟姉妹及び1親等の姻族（これらの者の同族関係者で
> ある会社のうち、これらの者が有する議決権の合計数がその会社の議決権総数
> の25％以上である会社を含む。）の有する議決権の合計数がその会社の議決権
> 総数の25％以上である場合におけるその株主をいう。

そのため、過去には、後継者への移動コストを抑えるため、配当還元
価額で移動が可能となる遠い親族に株式を分散させることにより、経営
者の保有数量を減らすという対策がとられたこともあったようです。し
かし、このような対策をとった会社では、年月を経て、相続によるさら

なる株式の分散に頭を悩ませています。また、過去に株式を分散させたことによって、経営者が保有する株式の割合が低くなっており、経営者の保有分を後継者に移動させたとしても、後継者が十分な経営権を確保できない状況にも陥っています。したがって、いくら移動コストを抑えるといっても、将来的な分散の歯止めが利かず、安定的な経営権の確保を難しくするような先への安易な移動は避けたほうがよいといえます。

　一般的に、経営者が持株の一部を後継者以外の他者へ移動すると、後継者への移動株数が少なくなるため、後継者への移動コストは抑えられる一方、後継者の持株比率は抑えられ、安定性は相対的に低下します。逆に、後継者への移動株数が多くなれば、後継者への移動コストは高まりますが、安定性も高くなります。そのため、移動コストを抑えるために経営者の保有数量を減らす場合には、許容できる安定性と移動コストの水準のバランスを慎重に検討していく必要があるといえるでしょう。

## Q3-7 安定した経営権を確保するための選択肢には、どのようなものがありますか？

**A** ●●●●●●●●●●●●●●●●●●●●●●●●●●●●●●●●●●●●●●●●●

　経営者が安定した経営権を確保するためには、まずは経営者に株式を集中する、これが最も基本的な手法です。後継者への株式の移動を検討する際にも、後継者が安定的な経営権を確保するため、まずは後継者に株式を集めることを考えることになります。

　しかし、現実には思うように集中できないケースもあります。例えば、移動コストが重く後継者1人に集中できない、他の相続人のことも考えると後継者1人に集中させることは難しい、娘婿が後継者だが娘婿にすべての株式を譲ることは心情的に難しい、といったケースもあります。

　また、すでに株式が分散しており、現経営者があまり株式を持たないケースでは、その株式をすべて後継者に移動できたとしても、後継者が満足のいく比率を確保することができません。

　このような場合には、他の選択肢を検討していくことになります。その際には、株式の設計を変える、安定株主を導入する、といった選択肢が考えられます。また、株式の設計を変える選択肢には、配当優先無議決権株式、拒否権付株式、属人的定めの活用等があります。

　それぞれの選択肢は、特徴・導入手続・留意点など様々です。そのため、会社の状況に応じて採用できる可能性のある選択肢を、1つひとつ検討していくことになります。

**図表 3-8** 安定した経営権を確保するための選択肢

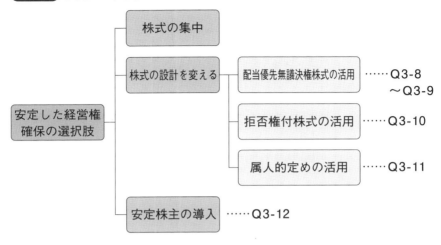

---

## Q3-8 「配当優先無議決権株式」とは、どのようなものですか？ 発行手続や主な留意点についても教えてください。

**A** • • • • • • • • • • • • • • • • • • • • • • • • • • • • • • • • • • • •

### ❶ 配当優先無議決権株式とは

「配当優先無議決権株式」とは、剰余金の配当優先株式と議決権制限株式をミックスした株式をいいます。「配当優先無議決権株式」を保有する株主は、他の株主よりも優先的に安定配当を受け取ることができますが、その代わりに、株主総会の決議に参加できなくなります。

この配当優先の無議決権株式を活用することにより、後継者が保有する株式比率が低い場合であっても、後継者が経営権を確保することが可能になります。

**図表 3-9** 配当優先株式と議決権制限株式の主な内容

| 株式の名称 | 内　容 |
|---|---|
| 配当優先株式 | ・剰余金の配当（会 108 ②一）に格差をつける<br>・他の種類の株式に比べて、有利な配当（優先配当株式）としたり、不利な配当（劣後配当株式）としたりすることができる<br>・業績にかかわらず一定の配当をもらえる設計とすることが多い |
| 議決権制限株式 | ・議決権を行使できる事項に制限や行使の条件がある（会 108 ②三）<br>・議決権の制限幅を拡大し、株主総会における議決権が全くない「無議決権株式」とすることもできる |

## ❷ 配当優先無議決権株式の活用例

　例えば、**図表 3-10** において、事業承継後の会社経営には関わる予定がない株主（B 専務、C 常務、E 氏）の保有株式を配当優先無議決権株式に変更しておくことが考えられます。B 専務と C 常務の保有株に加え、A 社長の保有株のうち E 氏に相続させる予定の株式を変更しておくのです。こうすることで、相続後の経営権を後継者（D 氏）に集中させることができます。また、後継者 D 氏以外の株主（B 専務、C 常務、E 氏）にとっても、一定の配当利回りを確保できるという経済的メリットが期待できることになります。

**図表 3-10** 配当優先無議決権株式の活用例

（1）相続前に、普通株式の一部を配当優先無議決権株式に変更

| 株　主 | 普通株式 | | 配当優先無議決権株式 | 普通株式 | 議決権の個数 | 議決権比率 |
|---|---|---|---|---|---|---|
| A社長（本人） | 60株 | | 15株 | 45株 | 45個 | 100％ |
| B専務（兄） | 25株 | 変更 | 25株 | ― | ― | ― |
| C常務（弟） | 15株 | | 15株 | ― | ― | ― |
| D氏（長男・後継者） | ― | | ― | ― | ― | ― |
| E氏（次男） | ― | | ― | ― | ― | ― |
| 合　計 | 100株 | | 55株 | 45株 | 45個 | 100％ |

（2）相続が発生した後

| 株　主 | 配当優先無議決権株式 | 普通株式 | 議決権の個数 | 議決権比率 |
|---|---|---|---|---|
| 故・A社長（本人） | ― | ― | ― | ― |
| B専務（兄） | 25株 | ― | ― | ― |
| C常務（弟） | 15株 | ― | ― | ― |
| D氏（長男・後継者） | ― | 45株 | 45個 | 100％ |
| E氏（次男） | 15株 | ― | ― | ― |
| 合　計 | 55株 | 45株 | 45個 | 100％ |

※故・A社長が保有していた普通株式を長男のD氏に、配当優先無議決権株式をE氏に移動した。

## ❸ 発行手続

　すでに発行している普通株式の一部を配当優先無議決権株式に変える
には、まず定款を変更し、配当優先無議決権株式が発行できるよう、発
行可能な総数やその内容を定めておきます（会108②一、三）。この定款
の変更に際しては、株主総会の特別決議が必要になります（会466、309
②）。また、定款の変更後、株式の内容が変更される株主、変更されな
い株主全員から同意を得ることが必要と解されています。そして、効力
発生日から2週間以内に、本店の所在地において発行可能種類株式総数、
種類株式の内容等の登記をしなければなりません。

**図表 3-11** 主な手続

| 株主総会の特別決議 | 全株主の同意 | 登記 |
|---|---|---|
| 定款変更<br>・発行可能株式総数<br>・交付する配当財産の価額の決定方法、配当をする条件等<br>・株主総会において議決権を行使することができない旨 | 株式の内容が変更される株主、当該株主以外の株主全員から同意書を入手 | 発行可能種類株式総数、種類株式の内容等の登記 |

## ❹ 主な留意点

・普通株式の一部を配当優先無議決権株式に変更するためには、全株主の同意が必要と解されており、変更に際しては株主から協力が得られる状況にあることが不可欠といえます。株主数が多い場合や敵対株主がいる場合、あるいは連絡のつかない株主がいる場合には、同意を得るのに手間を要したり、実行が難しくなることがあります。

・配当優先無議決権株式への安定配当を実施するために、会社に財務的負担が生じます。

・議決権が残る株主の議決権比率が上昇するため、同族株主の判定・金融機関の保有比率の変化・株主間のパワーバランスの変化等には、留意が必要です。

・議決権がなくても持株数によって行使できる権利があります。すべての権利が否定されるわけではありません（21 頁参照）。また、一定の

場合には「種類株主総会」において議決権を行使することができるため、留意が必要です（**Q3-9**）。

## ❺ 税務上の考え方

配当優先株式や無議決権株式の評価については、国税庁から公表された平成19年2月26日付文書回答事例「相続等により取得した種類株式の評価について」及び平成19年3月9日付その他法令解釈に関する情報「種類株式の評価について」において取扱いが示されています。

### (1) 配当優先株式の評価

具体的には、相続、遺贈または贈与により取得した配当優先株式については、①「類似業種比準方式」により評価する場合には、株式の種類ごと（つまり普通株式と配当優先株式とは別々）に、その株式の配当金によって評価します。②「純資産価額方式」により評価する場合には、配当優先の有無にかかわらず、従来どおり評基通185《純資産価額》の定めにより評価します。

### (2) 無議決権株式の評価

同族株主（原則的評価方式が適用される同族株主等をいう。以下同じ。）が無議決権株式を相続または遺贈により取得した場合には、原則として、議決権の有無を考慮せずに評価しますが、次のすべての条件を満たす場合に限り、前記（配当優先株式の評価）または原則的評価方式により評価した価額から、その価額に5%を乗じて計算した金額を控除した金額により評価するとともに、当該控除した金額を当該相続または遺贈により同族株主が取得した当該会社の議決権のある株式の価額に加算して申告することを選択することができます（以下、この方式による計算を「調

整計算」という）。

【条件】

　イ　当該会社の株式について、相続税の法定申告期限までに、遺産分割協議が確定していること。

　ロ　当該相続または遺贈により、当該会社の株式を取得したすべての同族株主から、相続税の法定申告期限までに、当該相続または遺贈により同族株主が取得した無議決権株式の価額について、調整計算前のその株式の評価額からその価額に5％を乗じて計算した金額を控除した金額により評価するとともに、当該控除した金額を当該相続または遺贈により同族株主が取得した当該会社の議決権のある株式の価額に加算して申告することについての届出書が所轄税務署長に提出されていること。

　ハ　当該相続税の申告に当たり、評価明細書に、調整計算の算式に基づく無議決権株式及び議決権のある株式の評価額の算定根拠を適宜の様式に記載し、添付していること。

**「無議決権株式」と呼ばれる株式であっても、議決権を行使できるケースがあると聞きました。一体どのようなケースなのでしょうか？**

　一般的に無議決権株式と呼ばれることが多いため誤解されやすいのですが、実は、会社法上、議決権行使を完全に排除した株式を発行することはできません。

　例として、無議決権株式（＝株主総会において、すべての事項について

議決権を有しない株式）と普通株式（＝ここでは無議決権株式以外の株式とする）を発行しているケースで考えると、無議決権株式は通常の株主総会においては議決権を有しませんが、一定の場合には「種類株主総会」において議決権を行使することができます。具体的には、例えば会社が**図表 3-12** のような行為をする場合において、無議決権株式を保有する株主に損害を及ぼすおそれがあるときには、その行為は「無議決権株式を保有する株主を構成員とする種類株主総会」の決議がなければ効力が生じないこととされています（会 322 ①）。

**図表 3-12** 種類株主総会の決議事項の例

| |
|---|
| 一　　　次に掲げる事項についての定款の変更<br>　　　　・株式の種類の追加<br>　　　　・株式の内容の変更<br>　　　　・発行可能株式総数又は発行可能種類株式総数の増加 |
| 一の二　特別支配株主による株式売渡請求の承認 |
| 二　　　株式の併合又は分割 |
| 三　　　株式無償割当 |
| 四　　　株主割当による株式引受人の募集 |
| 五　　　株主割当による新株予約権引受人の募集 |
| 六　　　新株予約権無償割当 |
| 七　　　合併 |
| 八　　　吸収分割 |
| 九　　　吸収分割による権利義務の承継 |
| 十　　　新設分割 |
| 十一　　株式交換 |
| 十二　　株式交換による他の会社の発行済株式全部の取得 |
| 十三　　株式移転 |
| 十四　　株式交付 |

　そのため、普通株式の一部を無議決権株式に転換することによって、

一定の場合には逆に無議決権株式を保有する株主に事実上の拒否権を持たれてしまい、会社運営の妨げになってしまう可能性もあるため、留意が必要です。

なお、あらかじめ定款に規定することによって、種類株主総会の決議の必要性を排除しておくことができる事項もありますが（ただし、この場合には、一定の場面において反対株主に株式買取請求権が生じる）、**図表3-12** の一に係る定款の変更については、定款の定めによっても種類株主総会の決議の必要性を排除することはできません（会322②、③）。

「拒否権付株式」とは、どのようなものですか？　発行手続や主な留意点についても教えてください。

## ❶ 拒否権付株式とは

拒否権付株式とは、株主総会の決議に対する拒否権がある株式をいいます（会108①八）。具体的には、拒否権付株式を発行すると、ある特定の議案について、株主総会の決議に加え、拒否権付株式を持つ株主だけが参加できる「種類株主総会」の決議を必要とすることができます。こうして、複数の株主総会を設けることで、単純な持株数とは関係なく、一定の重要事項に関して強い影響力を持つ株主を作ることができます。重要事項の典型例には、取締役等の選任・解任、会社の合併や事業譲渡などがあります。黄金株と呼ばれるほど非常に強い力を持つ「拒否権付株式」は、未上場会社の事業承継においても活用することができます。

## ② 拒否権付株式の活用例

　すでに多数の株主に株式が分散していて、後継者がそれらを買い集めることが困難な場合や、仮に社長からの相続が生じたとしても後継者が議決権を十分に確保することが難しい見通しの場合があります。そうした場合には、後継者が拒否権付株式を引き受けておくことにより、相続後も後継者は保有株式数以上の力を確保できるようになります。

**図表3-13** 拒否権付株式の活用例

（1）後継者に拒否権付株式を発行しておく（新たに1株を発行）

| 株　　主 | 普通株式 | 議決権の個数 | 議決権比率 | | 拒否権付株式 |
|---|---|---|---|---|---|
| A 社長（本人） | 40 株 | 40 個 | 40％ | | ― |
| B 氏（長男・後継者） | 5 株 | 5 個 | 5％ | | 1 株 |
| C 氏（次男・会社員） | ― | ― | ― | 新たに発行 | ― |
| その他の株主 | 55 株 | 55 個 | 55％ | | ― |
| 合　　計 | 100 株 | 100 個 | 100％ | | 1 株 |

（2）相続が発生した後

| 株　　主 | 普通株式 | 議決権の個数 | 議決権比率 | 拒否権付株式 |
|---|---|---|---|---|
| A 社長（本人） | ― | ― | ― | ― |
| B 氏（長男・後継者） | → 25 株 | 25 個 | 25％ | 1 株 |
| C 氏（次男・会社員） | → 20 株 | 20 個 | 20％ | ― |
| その他の株主 | 55 株 | 55 個 | 55％ | ― |
| 合　　計 | 100 株 | 100 個 | 100％ | 1 株 |

※故・A 社長が保有していた普通株式 40 株は、長男・次男で折半して 20 株ずつ相続した。

## ③ 発行手続

　すでに発行している普通株式のうち一部を拒否権付株式に変えるに

は、まず定款を変更し、拒否権付株式が発行できるよう、発行可能な総数やその内容を定めておきます（会108②八）。この定款の変更に際しては、株主総会の特別決議が必要になります（会466、309②）。また、定款の変更後、株式の内容が変更される株主、変更されない株主全員から同意を得ることが必要と解されています。そして、効力発生日から2週間以内に、本店の所在地において発行可能種類株式総数、種類株式の内容等の登記をしなければなりません。

**図表 3-14** 主な手続

| 株主総会の特別決議 | | 全株主の同意 | | 登記 |
|---|---|---|---|---|
| 定款変更<br>・発行可能種類株式総数<br>・種類株主総会の決議を必要とする事項<br>・種類株主総会の決議を必要とする条件を定めるときはその条件 | ➡ | 株式の内容が変更される株主、当該株主以外の株主全員から同意書を入手 | ➡ | 発行可能種類株式総数、種類株式の内容等の登記 |

　なお、新たに拒否権付株式を発行する場合には、定款変更及び割り当てに関して株主総会の特別決議のみで実施できます。1株のみの発行で済むため、経営者が取得するケースにおいても資金負担は抑えられると考えられます。全株主からの同意が得られにくい場合や手間がかかる場合には、新たに1株を発行する方法を選択することも考えられます。

## ④ 主な留意点

・拒否権を与える事項の決定が難しく、詳細な事項に及んで拒否権を与

えようとすると、既存の株主の理解が得られない可能性も生じます。

・拒否権付株式を保有する株主は、株主総会に上程された議案について拒否はできますが、自らだけで何かを進んで決定することはできません。株主間の対立が深刻になると、議論が堂々巡りとなり、会社運営が空転するおそれがあります。

・株式数とは無関係に後継者が影響力を持つことができるという点が拒否権付株式の最大のメリットですが、その反面、会社経営に関係のない者に渡らないような手当てが欠かせません。遺言で次の後継者に渡るよう指定しておく、後継者の生前に消却する等の対応が必要です。

## ❺ 税務上の考え方

　拒否権付株式の評価についても、国税庁から公表された平成 19 年 2 月 26 日付文書回答事例「相続等により取得した種類株式の評価について」及び平成 19 年 3 月 9 日付その他法令解釈に関する情報「種類株式の評価について」において取扱いが示されています。

　具体的には、相続、遺贈または贈与により取得した拒否権付株式については、拒否権の有無にかかわらず普通株式と同様に評価するとされています。

**Q3-11** 「属人的定め」とは、どのようなものですか？
導入手続や主な留意点についても教えてください。

**A** ● ● ● ● ● ● ● ● ● ● ● ● ● ● ● ● ● ● ● ● ● ● ● ● ● ● ● ● ● ● ● ● ●

### **❶ 属人的定めとは**

　すべての株式に譲渡制限が付されている会社においては、議決権、剰余金の配当、残余財産の分配について株主ごとに異なる取扱いを行う旨を定款で定めることができます（会109②）。先述した配当優先無議決権株式や拒否権付株式は株式に着目した取扱いであるのに対し、これは株主の個性に着目した取扱いであることから、属人的定めといわれています。

　この属人的定めを利用すれば、後継者と後継者以外の株主の性格に着目し、議決権や剰余金の配当についてそれぞれ異なる取扱いを定めることが可能になります。

　例えば、ある特定の株主の経営権を強化することも定款の定めで可能となります。VIP株などと呼ばれることもある、このような株式は次のように定款で定められています。

〈定款例〉

| |
|---|
| （株主の権利について株主ごとに異なる取扱い）<br>第××条　当会社において、会社法第109条第2項の規定に基づき、○○○○が保有する普通株式については、株主の権利について本定款第△△条のとおり株主ごとに異なる取扱いを行う。<br>（株主総会における議決権）<br>第△△条　○○○○が有する議決権の個数は、法令による別段の定めがある場合を除き、その保有する当会社の株式数に×を乗じた数とする。 |

## ❷ 属人的定めの活用例

　この属人的定めを活用して、経営者の持株比率が低い場合に、経営者の議決権比率を高めることが可能になります。下記の例では、定款に定めることにより、A社長が保有する株式については、1株につき10個の議決権を付与しています。これによって、A社長の持株比率は低いままですが、議決権比率は81％となり、安定した経営権を確保することを可能にしています。

**図表 3-15** 属人的定めの活用例

（1）現　状

| 株　主 | 株　数 | 持株比率 | 議決権の個数 | 議決権比率 |
|---|---|---|---|---|
| A社長（本人） | 30株 | 30％ | 30個 | 30％ |
| B氏（叔父） | 30株 | 30％ | 30個 | 30％ |
| C氏（叔母） | 20株 | 20％ | 20個 | 20％ |
| その他の株主 | 20株 | 20％ | 20個 | 20％ |
| 合　計 | 100株 | 100％ | 100個 | 100％ |

（2）定款の定めによりA社長が保有する普通株1株につき議決権10個を付与する

| 株　主 | 株　数 | 持株比率 | 議決権の個数 | 議決権比率 |
|---|---|---|---|---|
| A社長（本人） | 30株 | 30％ | 300個 | 81％ |
| B氏（叔父） | 30株 | 30％ | 30個 | 9％ |
| C氏（叔母） | 20株 | 20％ | 20個 | 5％ |
| その他の株主 | 20株 | 20％ | 20個 | 5％ |
| 合　計 | 100株 | 100％ | 370個 | 100％ |

また、経営に関与しない後継者以外の株主には、より多くの剰余金の配当をする代わりに議決権を与えないと定める等により、後継者の経営権を確保することも可能です。

　なお、剰余金の配当を受ける権利及び残余財産の分配を受ける権利の全部を与えないとする定款の定めはできません（会105②）。

## ❸ 発行手続

　株主ごとに異なる取扱いに関する定款の定めを行うことが必要になります。この定款の定めを行うに際しては、株主総会の特殊決議が必要になります。特殊決議には総株主の頭数の半数以上及び総株主の議決権の4分の3以上の賛成が求められているため、導入に際してのハードルは高く、他の株主の協力が不可欠となります（会309④）。

　また、配当優先無議決権株式や拒否権付株式のような種類株式と異なり、属人的定めは定款に定めるだけで足り、登記は不要です。

## ❹ 主な留意点

・属人的定めを活用することにより、議決権や配当等について柔軟な設計が可能になりますが、その一方で定めることができる内容には限界があるともいわれています。具体的な強行規定や株式会社の本質・公序良俗に反して株主の基本的な権利を奪うような場合には無効とされる可能性もあるため、導入に際しては専門家にも相談のうえで慎重に検討することが望ましいものと考えられます。

・属人的定めを定款に規定している場合には会社法上は種類株式とみなされ、種類株式と同様に取扱うこととされています（会109③）。その

ため、仮に特定の株主が議決権を有しないと定めた場合においては、Q3-9のような取扱いになると考えられるため留意が必要です。

・定款において異なる取扱いをされていた株主が株式を譲渡した場合、その株式は自動的に普通株式になります。

## ❺ 税務上の考え方

　属人的定めについては、税務上、明確な取扱いが定められていません。そのため、あまりに極端な差異を設けると、税務上のトラブルになる可能性も否定できません。導入に際しては専門家に相談のうえ、慎重に検討することが必要となるでしょう。

## Q3-12 「安定株主の導入」とは、どのようなものですか？　導入手続や主な留意点についても教えてください。

### A

## ❶ 安定株主の導入とは

　安定株主の導入とは、経営者が保有する議決権比率が低い場合に、新たに安定株主を迎え入れることにより、「経営者が保有する議決権」と「安定株主が保有する議決権」をあわせて考えることによって安定した経営権を確保しようとするものです。中小企業にとって新たに安定株主になってくれるような存在はなかなかいないのが実情ですが、例えば、Q3-3で記載した通り、投資育成会社を安定株主として迎え入れること

により、経営権の安定化につなげることが考えられます。

## ❷ 投資育成会社の活用例

　A社の社長は3代目。A社は現社長の祖父が創業しましたが、祖父
の相続の際に、子ども達に株式を分けたことから親族内で株式が分散し、
経営に関与しない株主（叔父・叔母）の比率が高くなっていました。父
である会長の株式については社長がすべて相続する予定ですが、それで
も過半数には届きません。しかし、社長自身には株式を買い集める資金
もなく、一方で放っておくと相続によるさらなる分散も懸念され、社長
が今後の経営権確保に強い不安を感じている状況でした。

　そこで、投資育成会社を活用して株主構成の見直しを図り、安定株主
を導入することとしました。叔父や叔母には社長の父である会長を通じ
て話をしてもらい、導入への理解を取り付けました。そして、投資育成
会社に対して第三者割当増資を実施し、投資育成会社が議決権比率
25％を保有する株主となった結果、会長・社長が保有する議決権比率に
加え、投資先企業の自主性を尊重する投資育成会社を合わせた議決権比
率は過半数を超え（58％）、社長は議決権の問題に頭を悩ませることなく、
リーダーシップを発揮できる体制を築くことができました。

**図表 3-16** 投資育成会社の活用例

| 株　主 | 属　性 | 議決権 |
|---|---|---|
| 会長 | 父 | 35% |
| 社長 | 会長の長男 | 10% |
| その他親族 | 叔父 | 30% |
| その他親族 | 叔母 | 25% |
| 合　計 | ― | 100% |

| 株　主 | 属　性 | 議決権 |
|---|---|---|
| 会長 | 父 | 26% |
| 社長 | 会長の長男 | 7% |
| その他親族 | 叔父 | 23% |
| その他親族 | 叔母 | 19% |
| 投資育成会社 | ― | 25% |
| 合　計 | ― | 100% |

　なお、実際の利用に際しては、経営権のみならず、数少ない経営の身近な相談相手としての機能や、これまでの豊富な経験と全国の投資先のネットワークを活かした経営支援等への期待も大きいようです。

## ❸ 主な手続

　投資育成会社に新株を割り当てるには、株主総会の特別決議が必要になります。そのため、投資育成会社の導入にあたっては、大半の株主からの理解・納得が得られていることが前提となります。

## ❹ 主な留意点

・投資育成会社は、投資後は毎期安定した配当を期待しますので、投資前に比べると会社に配当負担が生じます。

・投資対象は投資前の資本金が3億円以下の中堅・中小企業で、議決権比率が50％以下の範囲内で出資を行います。

# 無議決権株式の活用を選択した事例

## **1** A 社の課題

　A 社はもともとは不動産賃貸業が主力だったが、現在ではフードサービスのメガフランチャイジー（複数のフランチャイズに加盟して多数の加盟店舗を持つ企業）として、3つのブランドをあわせて展開している。長年にわたって多店舗運営の経営ノウハウを蓄積し堅調な業績を保っていたが、過去の相続によって株式の分散が進み、現在は一族のなかでも大きく2グループにわかれて株式を保有している。そのなかで社長と社長の弟はこれまでにも経営方針を巡って度々対立しており、社長の弟からは会社そのものを分けて経営したいとの希望が出されていた。

　現社長は72歳で、数年後に長男に社長の座を譲る方針を固めていたが、社長弟グループは3分の1を超える議決権を保有しており、現状のままでは長男が社長になった後は経営がやりにくくなることが想定された。そこで、会社を分割する方法を具体的に検討することとした。

## 2 A社の概要

業種：飲食業・不動産賃貸業

創業：1940年代

資本金：40百万円

売上高：約40億円

総資産：約30億円

原則的評価額：790円／株

純資産価額：1,500円／株

**図表 3-17** A社の株主構成

| 属　性 | 持株数 | 議決権比率 |
|---|---|---|
| 社長 | 376,000 | 47.0% |
| 社長妻 | 59,600 | 7.5% |
| 社長長男 | 34,000 | 4.2% |
| 社長長女 | 14,000 | 1.7% |
| 社長グループ計 | 483,600 | 60.4% |
| 社長弟 | 234,000 | 29.2% |
| 社長弟の妻 | 66,000 | 8.3% |
| 社長弟グループ計 | 300,000 | 37.5% |
| 個人株主 | 16,400 | 2.1% |
| 総合計 | 800,000 | 100.0% |

## 3 A社の対応

　会社を分割する選択肢としては、例えば、以下のようなものが考えられた（飲食業については、社長グループが2つのブランドを、社長弟グループが1つのブランドを引き継ぎ、不動産賃貸業については賃貸物件を軸に現状の議決権比率に沿って分割する）。

①会社分割（分割型新設分割とし、分割された会社はA社と同様の株主構成にする）によって会社を分割し、それぞれが保有する相手方の会社の株式を相手方に譲渡する

②会社分割（分社型新設分割とし、分割された会社の株式はA社が保有する）によって会社を分割し、社長弟グループは保有するA社株式をA社に売却し、その売却代金によって分割会社の株式を買い取る

　しかし、いずれの方法も多額の資金の移動を伴い、多額の税金も発生するため、あまり現実的ではなかった。

そこで、次善の策として、会社分割（分割型新設分割とし、分割された会社はA社と同様の株主構成にする）によって会社を分割した後、それぞれが保有する相手方の会社の株式を無議決権化する案が検討された。この方法によれば、お互いの株式は保有したままではあるものの、資金移動や税金の発生を伴うことなく会社を分割し、お互いが相手の経営に関わることができなくなる。検討を重ねた結果、最終的にこの案を採用することとなり、すべての株主の理解・納得を得て実行に至った。分割後の2社の状況は以下の通りである。

**図表 3-18** 会社分割及び株式の一部無議決権化を実施した後の株主構成

・社長グループの会社
　　売上高：約25億円
　　総資産：約18億円
　　資本金：40百万円
・社長グループの会社の株主構成

| 属　性 | 持株数 | 議決権 | 議決権比率 |
|---|---|---|---|
| 社長 | 376,000 | 376,000 | 75.2% |
| 社長妻 | 59,600 | 59,600 | 11.9% |
| 社長長男 | 34,000 | 34,000 | 6.8% |
| 社長長女 | 14,000 | 14,000 | 2.8% |
| 社長グループ計 | 483,600 | 483,600 | 96.7% |
| 社長弟 | 234,000 | 0 | 0.0% |
| 社長弟の妻 | 66,000 | 0 | 0.0% |
| 社長弟グループ計 | 300,000 | 0 | 0.0% |
| 個人株主 | 16,400 | 16,400 | 3.3% |
| 総合計 | 800,000 | 500,000 | 100.0% |

・社長弟グループの会社
　　売上高：約15億円
　　総資産：約12億円
　　資本金：20百万円
・社長弟グループの会社の株主構成

| 属　性 | 持株数 | 議決権 | 議決権比率 |
|---|---|---|---|
| 社長 | 376,000 | 0 | 0.0% |
| 社長妻 | 59,6000 | 0 | 0.0% |
| 社長長男 | 34,000 | 0 | 0.0% |
| 社長長女 | 14,000 | 0 | 0.0% |
| 社長グループ計 | 483,600 | 0 | 0.0% |
| 社長弟 | 234,000 | 234,000 | 74.0% |
| 社長弟の妻 | 66,000 | 66,000 | 20.8% |
| 社長弟グループ計 | 300,000 | 300,000 | 94.8% |
| 個人株主 | 16,400 | 16,400 | 5.2% |
| 総合計 | 800,000 | 316,400 | 100.0% |

　この結果、社長グループの会社においては、社長弟グループが議決権を持たなくなることにより、今後予定されている長男への社長交代後においても、社長弟グループの意向を気にすることなく、長男が安心して経営にあたることができる環境となった。

事例 **2**

# 安定株主の導入を選択した事例

## **1** B 社の課題

　B 社は間もなく創業 60 年を迎える建築土木会社である。B 社は現社長（67 歳）の父が創業したが、その父が亡くなった際、株式は子ども達に分けて相続されたこともあり、株式が親族内で広く分散した状態となっている。

　現社長は数年後に長男（常務）に経営を委ねる方針であるが、社長と社長妻の保有株について、長男が仮にすべて相続したとしても総議決権の過半数に届かない。現社長の兄弟は現社長にとっては近い関係であるが、長男からすれば、叔父や叔母といった間柄であり、決して近い存在ではない。現社長の従姉妹は尚更である。そして、今後、相続が発生すればその子ども達に株式がさらに分散していくことになる。一方、社長の姉は過去に会社に保有株の買い取り（当時の純資産価額で夫の保有分も含めて総額約 120 百万円）を打診してきたこともある。これらのことから、後継者である長男は社長交代後の経営権確保に強い不安を感じていた。

## 2 B社の概要

業種：建設業

創業：1950年代

資本金：75百万円

売上高：約50億円

原則的評価額：3,700円／株

純資産価額：9,500円／株

**図表 3-19** B社の株主構成

| 属　性 | 持株数 | 議決権比率 |
|---|---|---|
| 社長 | 34,000 | 22.7% |
| 社長の妻 | 5,750 | 3.8% |
| 社長の長男（常務） | 20,000 | 13.3% |
| 社長グループ計 | 59,750 | 39.8% |
| 社長の従姉妹 | 14,625 | 9.8% |
| 社長の従姉妹 | 12,375 | 8.2% |
| 社長の従姉妹計 | 27,000 | 18.0% |
| 社長の弟 | 17,500 | 11.7% |
| 社長の弟の妻 | 3,250 | 2.1% |
| 社長の弟の子 | 750 | 0.5% |
| 社長の弟グループ計 | 21,500 | 14.3% |
| 社長の姉 | 12,000 | 8.0% |
| 社長の姉の夫 | 2,500 | 1.7% |
| 社長の姉グループ計 | 14,500 | 9.7% |
| 社長の妹 | 9,500 | 6.4% |
| 社長の妹の夫 | 5,000 | 3.3% |
| 社長の妹グループ計 | 14,500 | 9.7% |
| 社外個人株主 | 12,750 | 8.5% |
| 総合計 | 150,000 | 100.0% |

## 3 B社の対応

　本来は後継者である長男が株式を買い集めることができるとよいが、買取資金も膨らむため現実的ではなかった。しかし、放っておけばさらなる株式の分散も避けられず、長男が安心して経営に集中することができなくなってしまう。現社長は検討を重ねた結果、長男が安心して経営することができるよう、安定株主（投資育成会社）を導入することとした。経営権の確保のみならず、長男の経験が浅いため、投資育成会社に対しては後継者教育や後継者にとっての身近な相談相手という機能を期待で

きることも決断を後押しした。検討過程においては、親族の保有株を無議決権化することも考えたが、株主側にとっては抵抗感が大きいと考えた。また、長男が拒否権付株式を保有する案もあったが、積極的な権利行使ができないため、安心して経営するには不十分であった。

投資育成会社に株式を引き受けてもらう際には、第三者割当増資によるため株主総会の特別決議が必要になるが、自らが社長であるうちであれば、親族の理解も得やすいだろうと考え、実際に親族には自らが説明して回り、特に異論が出ることはなかった。

そして、投資育成会社に 60,000 株（投資後の議決権比率：28.5%）の新株を引き受けてもらうことになった。その結果、長男は、今後、現社長の持ち株を引き継ぐと、投資育成会社の議決権とあわせて総議決権の過半数に達することになり、安定した経営権を確保することが可能な状況となった。

**図表 3-20** 株主構成の推移

■対応前
〈B社の株主構成〉

| 属　性 | 持株数 | 議決権比率 |
|---|---|---|
| 社長 | 34,000 | 22.7% |
| 社長の妻 | 5,750 | 3.8% |
| 社長の長男（常務） | 20,000 | 13.3% |
| 社長グループ計 | 59,750 | 39.8% |
| 社長の従姉妹 | 14,625 | 9.8% |
| 社長の従姉妹 | 12,375 | 8.2% |
| 社長の従姉妹計 | 27,000 | 18.0% |
| 社長の弟 | 17,500 | 11.7% |
| 社長の弟の妻 | 3,250 | 2.1% |
| 社長の弟の子 | 750 | 0.5% |
| 社長の弟グループ計 | 21,500 | 14.3% |
| 社長の姉 | 12,000 | 8.0% |
| 社長の姉の夫 | 2,500 | 1.7% |
| 社長の姉グループ計 | 14,500 | 9.7% |
| 社長の妹 | 9,500 | 6.4% |
| 社長の妹の夫 | 5,000 | 3.3% |
| 社長の妹グループ計 | 14,500 | 9.7% |
| 社外個人株主 | 12,750 | 8.5% |
| 総合計 | 150,000 | 100.0% |

■対応後

| 属　性 | 持株数 | 議決権比率 |
|---|---|---|
| 社長 | 34,000 | 16.2% |
| 社長の妻 | 5,750 | 2.8% |
| 社長の長男（常務） | 20,000 | 9.5% |
| 社長グループ計 | 59,750 | 28.5% |
| 社長の従姉妹 | 14,625 | 7.0% |
| 社長の従姉妹 | 12,375 | 5.9% |
| 社長の従姉妹計 | 27,000 | 12.9% |
| 社長の弟 | 17,500 | 8.3% |
| 社長の弟の妻 | 3,250 | 1.5% |
| 社長の弟の子 | 750 | 0.4% |
| 社長の弟グループ計 | 21,500 | 10.2% |
| 社長の姉 | 12,000 | 5.7% |
| 社長の姉の夫 | 2,500 | 1.2% |
| 社長の姉グループ計 | 14,500 | 6.9% |
| 社長の妹 | 9,500 | 4.5% |
| 社長の妹の夫 | 5,000 | 2.4% |
| 社長の妹グループ計 | 14,500 | 6.9% |
| 社外個人株主 | 12,750 | 6.1% |
| 投資育成会社 | 60,000 | 28.5% |
| 総合計 | 210,000 | 100.0% |

**Q3-13** 世代交代時において、先代経営者にしばらく経営権を残すような方法はありますか？

**A** • • • • • • • • • • • • • • • • • • • • • • • • • • • • • • • • • • • • •

　前節では、経営者（特に後継者）が安定した経営権を確保するための手法をみてきました。一方で、事業承継に際しては、後継者に株式そのものは移動するものの、移動後もしばらくは経営を監視していたいといったニーズも存在します。先代経営者に経営権を残す選択肢としては、株式の設計を変える、信託を活用する、といった選択肢が考えられます。

**図表 3-21** 先代経営者に経営権を残すための選択肢

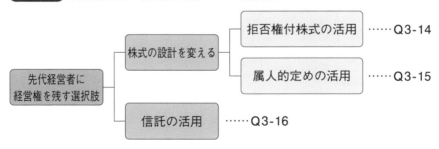

　このうち株式の設計を変える選択肢には、**Q3-10**でみた拒否権付株式や、**Q3-11**でみた属人的定めを活用するものがあります。拒否権付株式は、あらかじめ定めた議案について先代経営者が事実上の拒否権を保有できるようにするものであり、属人的定めは、先代経営者が自身の

持株比率よりも大きな議決権比率を保有するように設計するものです。

　また、信託の仕組みを活用することによって、「議決権」と「配当など経済的利益を受ける権利」を実質的に分離することができます。そこで、「配当など経済的利益を受ける権利」については後継者に移動するものの、「議決権」については引き続き先代経営者が保持するという設計をすることによって、先代経営者に経営権を残すことが可能になります。

　それぞれの選択肢は、特徴・導入手続・留意点などが異なります。そのため、会社の状況に応じて採用できる可能性のある選択肢を１つひとつ検討していくことになります。

## Q3-14 「拒否権付株式」を活用して先代経営者にしばらく経営権を残す方法について教えてください。

A ●●●●●●●●●●●●●●●●●●●●●●●●●●●●●●●●●●●●

### ❶ 拒否権付株式を活用する方法

　拒否権付株式とは、**Q3-10**でみた通り、あらかじめ定めた議案に対して事実上の拒否権がある株式です。**Q3-10**における活用例は、議決権を十分に確保できていない後継者がこの拒否権付株式を保有することにより、経営権の安定化につなげようとするものでした。ここでは、自身が保有していた大半の株式を後継者に譲った後においても、先代経営者がしばらくは経営を監視することを目的として拒否権付株式を活用します。

## ❷ 拒否権付株式の活用例

現経営者（A 社長）としては、自社株式の評価額の推移を見ながら早めに大半の株式を後継者（B 氏）に譲りたいものの、後継者が一本立ちするまでは、当面は自身が影響力を保持しておきたいと考えています。このような場合には、現経営者が拒否権付株式を引き受けておくことにより、普通株式を後継者に譲り渡した後も、影響力の担保として機能させることができます。

**図表 3-22** 拒否権付株式の活用例

(1) 現 状

| 株 主 | 普通株式 | 議決権の個数 | 議決権比率 |
|---|---|---|---|
| A 社長（本人） | 100 株 | 100 個 | 100% |
| B 氏（長男・後継者） | — | — | — |
| 合 計 | 100 株 | 100 個 | 100% |

(2) A 社長が保有する普通株式 1 株を拒否権付株式に変更

| 株 主 | 普通株式 | 議決権の個数 | 議決権比率 | | 拒否権付株式 |
|---|---|---|---|---|---|
| A 社長（本人） | 99 株 | 99 個 | 100% | | 1 株 |
| B 氏（長男・後継者） | — | — | — | | — |
| 合 計 | 99 株 | 99 個 | 100% | | 1 株 |

(3) 後継者へ贈与を行う

| 株 主 | 普通株式 | 議決権の個数 | 議決権比率 | | 拒否権付株式 |
|---|---|---|---|---|---|
| A 社長（本人） | ⌐— 19 株 | 19 個 | ⑲% | | ①株 |
| B 氏（長男・後継者） | └→ 80 株 | 80 個 | 81% | | — |
| 合 計 | 99 株 | 99 個 | 100% | | 1 株 |

なお、発行手続や主な留意点、税務上の考え方については、Q3-10 を
ご参照ください。

## Q3-15 「属人的定め」を活用して先代経営者にしばらく経営権を残す方法について教えてください。

**A** • • • • • • • • • • • • • • • • • • • • • • • • • • • • • • • • • •

### 1 属人的定めを活用する方法

　属人的定めとは、Q3-11 でみた通り、すべての株式に譲渡制限が付
されている会社において、定款に定めることによって議決権、剰余金の
配当、残余財産の分配について株主ごとに異なる取扱いを行うものです。
Q3-11 における活用例は、経営者の持株比率が低い場合に、属人的定
めを活用して経営者の議決権比率を高めることにより、経営権の安定化
につなげようとするものでした。ここでは、自身が保有していた大半の
株式を後継者に譲った後においても、先代経営者がしばらくは経営権を
維持することを目的として属人的定めを活用します。

### 2 属人的定めの活用例

　現経営者（A社長）としては、株価が一時的に下落したタイミングで、
株式を後継者（C氏）に移動したいが、経営をすべて任せるにはまだは
やいと考えています。この場合に、株式の移動後、定款の定めにより
A社長が保有する普通株1株につき議決権10個を与えることによって、
A社長は引き続き3分の2超の議決権を確保することができます。なお、

A社長に相続が発生して株式が相続人に移動すると、特に手続を必要とすることなくその株式は普通株式に戻ることになります。

**図表 3-23** 属人的定めの活用例

（1）A社長からC氏（後継者）に50株を贈与で移動

| 株 主 | 株式数 | 議決権比率 |
|---|---|---|
| A社長（本人） | 70株 | 70% |
| B氏（社長の配偶者） | 15株 | 15% |
| C氏（長男・後継者） | 10株 | 10% |
| D氏（次男・会社員） | 5株 | 5% |
| 合 計 | 100株 | 100% |

移動 ➡

| 株式数 | 議決権比率 |
|---|---|
| 20株 | 20% |
| 15株 | 15% |
| 60株 | 60% |
| 5株 | 5% |
| 100株 | 100% |

（2）定款の定めによりA社長が保有する普通株1株につき議決権10個を付与する

| 株 主 | 株 数 | 持株比率 | 議決権の個数 | 議決権比率 |
|---|---|---|---|---|
| A社長（本人） | 20株 | 20% | 200個 | 72% |
| B氏（社長の配偶者） | 15株 | 15% | 15個 | 5% |
| C氏（長男・後継者） | 60株 | 60% | 60個 | 21% |
| D氏（次男・会社員） | 5株 | 5% | 5個 | 2% |
| 合 計 | 100株 | 100% | 280個 | 100% |

なお、発行手続や主な留意点、税務上の考え方については、**Q3-11**をご参照ください。

「信託」を活用して先代経営者にしばらく経営権を残す方法について教えてください。

**A** ●●●●●●●●●●●●●●●●●●●●●●●●●●●●●●●●●●●●

## ❶ 信託を活用する方法

　経営者が生前に自社株式を対象にした信託を設定し、その信託契約において、後継者を受益者とし、経営者は議決権行使の指図権を保持するという設計が可能です。これによって、自社株式の財産的部分のみを後継者へ移転し、議決権については引き続き経営者が保持することができます。また、信託契約において、信託終了時において後継者が自社株式の交付を受ける旨を定めておくことにより、後継者は確実に株式を取得でき、安定した経営権を確保することが可能になります。

**図表 3-24** 信託の活用例

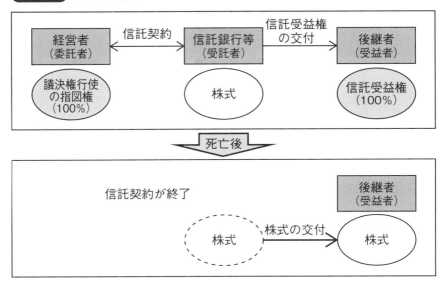

## ❷ 信託の活用例

　例えば、業績が一時的に悪化し、自社の株価が大きく下落したため、後継者へ株式を移転する好機ではあるが、後継者がまだ若く経験も浅いため、当面は社長が引き続き経営を行いたいと考えているようなケースでの活用が考えられます。

　経営者は自社株式を対象とした信託を設定し、信託契約において、後継者を受益者、議決権行使の指図権者は経営者とします。信託期間中は経営者が受託者（信託銀行等）に対して議決権指図を行い、受託者は議決権指図に従って会社に議決権行使をします。経営者の死亡時に信託契約が終了し、その時点で後継者に自社株式が交付され、後継者への株式の移転が完了します。

## ❸ 主な手続

　委託者・受託者・受益者で信託契約を締結し、委託者は受託者に株式を委託することになります。

　信託の終了時点については、委託者の死亡時点、一定年数の経過時点等、柔軟な設計が可能です。

## ❹ 主な留意点

・信託銀行に委託する場合には手数料が発生します。

・拒否権付株式を経営者に発行することによっても類似の効果が得られますが、拒否権付株式を発行するためには株主総会の特別決議や登記が必要になるなど手続が煩雑になります。また、拒否権付株式は、一

定の事項についての拒否はできますが、自らだけで積極的に意思決定することはできません。そのため、意見の対立が生じた場合には、重要事項が決定できなくなるおそれがあります。信託を活用するほうが、手続が簡便で意思決定も積極的にすることができるといえます。

**⑤ 税務上の考え方**

後継者が信託受益権を取得した時点（信託設定時）で贈与税の課税対象となります。信託受益権の価額については、取引相場のない株式に係る評価方法（152 ～ 154 頁参照）に準じて評価されます。

# 拒否権付株式の活用を選択した事例

## 1 C社の課題

　C社は創業後60年を超える自動車部品メーカーである。C社社長（70歳）は10年ほど前から後継者である長男（39歳）に生前贈与により株式の移動を進めてきた。すでに長男の議決権比率は社長と同水準になっており、今後は長男が筆頭株主となる見込みである。数年後には社長も交代する方針であるが、後継者である長男の経験は浅く、社長交代後も当面は長男の暴走を抑制しつつ、自らが一定の牽制ができるようにしておきたいと考えている。

## 2 C社の概要

業種：自動車部品製造業

創業：1950年代

資本金：50百万円

売上高：約20億円

**図表 3-25** C社の株主構成

| 属　性 | 持株数 | 議決権比率 |
|---|---|---|
| 社長 | 41,500 | 41.5% |
| 常務（長男） | 40,400 | 40.4% |
| その他役員 | 7,400 | 7.4% |
| 従業員 | 5,100 | 5.1% |
| 取引先 | 5,600 | 5.6% |
| 総合計 | 100,000 | 100.0% |

## 3 C社の対応

　今後、議決権比率が逆転し、社長を交代した後においても、現社長が
後継者である長男に対して一定の牽制ができるようにするためには、拒
否権付株式・属人的定め・信託の活用が考えられたが、属人的定めにつ
いては税務上の取扱いが不確かな面があること（91頁参照）、信託につ
いてはコスト（信託報酬）がかさむこと等から、最終的に拒否権付株式
を活用することとなった。具体的には、現社長が保有する普通株式1株
を拒否権付株式（A種種類株式）に転換することとした。

**図表 3-26** 株主構成の推移

■対応前
〈普通株式〉

| 属　性 | 持株数 | 議決権比率 |
|---|---|---|
| 社長 | 41,500 | 41.5% |
| 常務（長男） | 40,400 | 40.4% |
| その他役員 | 7,400 | 7.4% |
| 従業員 | 5,100 | 5.1% |
| 取引先 | 5,600 | 5.6% |
| 総合計 | 100,000 | 100.0% |

■対応後
〈普通株式〉

| 属　性 | 持株数 | 議決権比率 |
|---|---|---|
| 社長 | 41,499 | 41.5% |
| 常務（長男） | 40,400 | 40.4% |
| その他役員 | 7,400 | 7.4% |
| 従業員 | 5,100 | 5.1% |
| 取引先 | 5,600 | 5.6% |
| 総合計 | 99,999 | 100.0% |

〈A種種類株式〉

| 属　性 | 持株数 | 議決権比率 |
|---|---|---|
| 社長 | 1 | 100.0% |
| 総合計 | 1 | 100.0% |

　A種種類株式の具体的な内容は、下記の議案について、株主総会の
決議に加えて、A種種類株式を持つ株主だけが参加できる「種類株主
総会」の決議を必要とするものである。

　①取締役及び監査役の選任及び解任
　②取締役及び監査役の報酬等の承認
　③定款の変更

④募集株式の発行

　このA種種類株式を保有することにより、C社社長は議決権比率が低くなっても、上記の意思決定に際しては一定の歯止めをかけることが可能になった。

　また、大きな権限を有する本株式が他人の手に渡ることを防止するため、以下の取得条項をあわせて設定した。

　以下の場合には、会社がA種種類株式を取得し株主に普通株式を交付する。

①　A種種類株主が第三者に対し譲渡する旨を約したとき

②　A種種類株主が第三者に対し賃借権その他の利用権を設定したとき

③　A種種類株主が第三者に対し質権その他の担保権を設定したとき

④　A種種類株主に相続が発生、もしくは成年後見人を選定したとき

　普通株式の一部を種類株式に転換する場合には、株主総会の特別決議だけでなく全株主の同意が必要と解されているため、少数株主であるその他役員や従業員・取引先にも経緯を説明し、十分な理解を得たうえで実行に移した。

第 **4** 章

# 経営者の保有株の
# 円滑な承継
## 〜親族内承継〜

# 株式承継を検討する際の基本的な考え方

**Q4-1** 第2章において、株式に関する課題を検討する際に「中長期的に必要な視点」として「経営者の保有株の円滑な承継」が挙げられていました。それでは、経営者の保有株式の承継を検討するにあたって、まずは基本的な考え方を教えてください。

**A** ● ● ● ● ● ● ● ● ● ● ● ● ● ● ● ● ● ● ● ● ● ● ● ● ● ● ● ● ● ● ● ● ● ● ●

## ❶ 後継者が安定的な経営権を確保できることが大前提

　経営者が保有する株式の承継を検討するにあたって、まず必要なことは、後継者が安定した経営権を確保できるようにすることです。後継者が安定した経営権を確保することで、後継者はリーダーシップを発揮し、安心して経営に集中することができるようになります。そのため、トップが安定した経営権を確保していることは、企業が長期にわたって継続・発展するための大前提であるといえるでしょう。

　安定した経営権の確保について、詳細は第3章に記載の通りですが、具体的には後継者が単独で総議決権数の過半数、できれば3分の2以上を確保できるようにすることが望ましいといえます。単独で確保することが難しい場合には、安定株主を含めて確保できるようにします。

　そして、後継者が安定した経営権を確保できるように、経営者が保有している株式を後継者へ移動するための方法を検討していきます。

## ❷ 移動の検討に際しての視点

**図表 4-1** 移動の検討に際しての視点

**(1) 移動方法の検討**

①まずは移動コストを試算してみる  ⋯⋯Q4-2
　　　　　　　　　　　　　　　　　　　　　　　 ～ Q4-3

　　　　・どのような移動方法の選択肢があるか
　　　　・各選択肢における移動コストはどの程度か

②試算の結果、移動コストを負担しきれない、または  ⋯⋯Q4-4
　移動コストを抑えたい場合　　　　　　　　　　　　 ～ Q4-15
　　　　・移動コストを抑制する選択肢を検討する
　　　　・移動コストを負担するための資金を準備する

**(2) 相続時に移動する場合には遺言の作成**  ⋯⋯Q4-16

**(3) 他の相続人への配慮（遺留分対策）**  ⋯⋯Q4-17
　　　　　　　　　　　　　　　　　　　　　　　 ～ Q4-18

　移動の検討に際しては、まずは移動コストを試算してみることが必要です。どのような移動方法の選択肢が考えられるか、それぞれの選択肢における移動コストはどの程度かについて、まずはシミュレーションしてみましょう。試算してみないことには、対策が必要か否かについてもわかりません。何もせずただ漠然と不安を抱いているだけではなく、なるべく早い段階で、自社の株式の評価をはじめ、考えられる移動の選択肢やそれぞれに要する移動コストについて、顧問の会計事務所等に依頼し把握することが望ましいといえます。

　移動コストを試算した結果、移動コストが賄える範囲であればそれで

よいのですが、移動コストを負担しきれない、あるいは賄えないことはないが負担をできるだけ抑えたいといった場合には、次に移動コストの抑制策の検討をすることになります。なお、これらの対策をしてもなお負担しなければならない金額については、その資金をいかに確保するかを考えていくこととなります。

　また、移動コストを賄える、賄えないにかかわらず、相続のタイミングで後継者への移動を考える場合には遺言の作成が必須といえますし、贈与や遺贈による移動のケースにおいては、他の相続人への配慮もあわせて考えていかなければなりません。これらの点について、以下のQ4-2〜Q4-18で解説します。

**Q4-2** 後継者への株式の移動方法には、どのようなものがありますか？　また、それぞれの方法について、移動に要するコストもあわせて教えてください。

**A** ••••••••••••••••••••••••••••••••••••••••••••••••

**❶ 後継者への株式の移動方法**

**図表 4-2** 後継者への移動方法

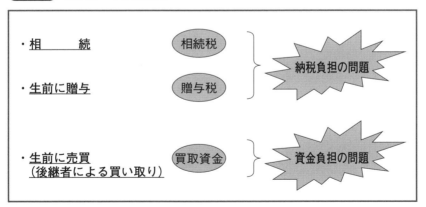

後継者への株式の移動方法は3つしかありません。相続時に移動するか、相続より前、すなわち生前に贈与という形で移動するか、生前に売買（後継者が資金を用意して買い取る）によって移動するか、これらのい

ずれかになります。

　しかし、これらの方法はいずれも無償で移動できるわけではありません。移動するには、移動するためのコストがかかるのです。相続時に移動するのであれば相続税が、贈与で移動するのであれば贈与税が、売買で移動するのであれば後継者が買取資金を用意することが必要になります。そのため、相続や贈与の場合には相続税・贈与税の納税負担、売買の場合には買い取りのための資金負担が、それぞれ検討課題になってきます。

## ❷ 移動に要するコスト

**図表 4-3**　移動に要するコスト

| 移動方法 | | 用いる株価 | 移動コスト |
|---|---|---|---|
| 相　続 | | 相続時 | 相続税 |
| 贈与 | 暦年贈与 | 贈与時 | 贈与税 |
| | 相続時精算課税 | 贈与時 | **相続税** |
| 売　買 | | 売買時 | 評価額の総額 |

　**図表 4-3** は、それぞれの移動方法について、移動コストの観点から比較したものです。移動の際に用いる株価や税率が異なるため、移動方法によって移動コストは異なってくるのが通常です。

## （1）相　続
　まず、相続のタイミングで株式を移動しようとする場合、株式の評価をするにあたって用いる株価は、相続発生時の株価になります。この相

続発生時の株価に株数を掛け合わせたものが株式の評価額となり、株式以外の財産も加えた金額から基礎控除額（3,000万円＋（600万円×法定相続人の数））を差し引いた金額について各法定相続人の法定相続分を求め、それらに相続税率を乗じた額を合算することにより相続税の総額が算定されます。

## (2) 暦年贈与

次に、贈与による移動ですが、これには2通りの方法があります。1つは、通常の暦年贈与によるものです。これによると、株式の評価をするにあたって用いる株価は、贈与をする際の株価になります。贈与時の株価に株数を掛け合わせたものが株式の評価額となり、それに贈与税率を乗じて贈与税が算定されます。この際、現在の基礎控除額が110万円とされているため、年間110万円の範囲内であれば贈与時の課税は生じませんが、相続開始前7年以内の贈与は相続財産に加算されて相続税が計算されることとなりますので留意が必要です（なお、加算される期間は、令和6年以降の取扱いとして、それまでの「3年以内」から「7年以内」へと改正されましたが、令和12年末までに開始された相続については経過措置によって3年から7年へ段階的に延長されます）。

## (3) 相続時精算課税

もう1つは、相続時精算課税によるものです。これは、いったん軽減された贈与税を納めて贈与しますが、将来相続が発生した時点で相続税として計算し直し、過去に納めた贈与税との差額を納付（精算）する方法です。この方法の特徴は、最終的な税額は相続税率で計算することになりますが、その際の株式の評価に用いる株価は贈与時の株価を用いるという点です。そのため、相続時に比べて贈与時の株価が低い場合には、通常の相続よりも低い株価で相続税が計算されることになります。ただ

し、適用に際しては、贈与者が60歳以上、受贈者が18歳以上の推定相続人（直系卑属）または孫などの要件を満たしていることが必要になります。なお、相続時精算課税は一度選択すると同じ贈与者からの贈与について暦年贈与へ変更することはできなくなりますが、令和6年以降の贈与については年間110万円の基礎控除が設けられています。

**図表 4-4** 暦年贈与と相続時精算課税の比較

| 項　目 | 暦年贈与 | 相続時精算課税 |
|---|---|---|
| 概　要 | 暦年（1月1日から12月31日までの1年間）ごとにその年中に贈与された価額の合計に対して贈与税を課税 | 選択制により、贈与時に軽減された贈与税を納付し、相続時に相続税で精算する（一度選択すると相続時まで継続適用） |
| 贈与者 | 制限なし | 60歳以上 |
| 受贈者 | 制限なし | 18歳以上の推定相続人（直系卑属）または孫 |
| 基礎控除額 | 年間110万円 | 年間110万円 |
| 税　率 | 10%〜55%の超過累進税率 | 特別控除額（2,500万円）を超えた部分について一律20% |
| 相続時の計算 | 相続開始前**7年以内**の贈与財産は相続財産に加算（令和12年末までに開始された相続については経過措置あり） | 贈与財産について、**贈与時の時価**で相続財産と合算して相続税を計算し、贈与時に納めた贈与税との差額を精算 |
| 上記の場合に控除される額 | 相続開始前3年以内の贈与財産以外の財産については合計額から100万円を控除 | 令和6年1月1日以降の各年の基礎控除分は贈与財産から控除 |

## (4) 売 買

　最後に売買による移動ですが、株式の評価をするにあたって用いる株価は、売買時の株価になります。売買時の株価に株数を掛け合わせたものが株式の評価額となり、これに相当する資金を購入側すなわち後継者が用意することになります。例えば、後継者が会社を設立して銀行から資金を調達し、その会社を通じて先代から株式を買い取るケース（**Q4-3**）は、この売買による移動に該当します。

## ❸ 移動方法を検討する際の着眼点

　それぞれのコストを比較すると、一般的には相続税＜贈与税＜買取額といったイメージになりますが、課税価格が数百万円までは贈与税率が実際の相続税率を下回ることが多いため、将来発生すると予想される相続税の実効税率を試算し、その税率を下回る範囲であれば贈与税を納めてでも生前に贈与を進めていくという方法がとられることもあります。例えば、直系尊属からの贈与であれば年間510万円分の贈与をした場合の贈与税額は50万円となり、税負担は1割程度に抑えられることとなります。ただし、相続開始前7年以内の贈与は相続財産に加算されて相続税が計算されることとなるため（令和12年末までに開始された相続については経過措置あり）、生前に贈与を進めるか否かについては年齢・家族関係・健康状態・資産状況等を十分に考慮しながら検討することが必要なものと考えられます。

　また、相続時精算課税を用いて贈与した場合には、先述した通り、相続税の計算時において株式の評価に用いる株価は贈与時の株価となりますので、相続時の株価を贈与時の株価で固定する効果があるといえます。そのため、株価が一時的に下落した場合や将来株価が上昇する見通しにある場合など、相続時精算課税によってまとまった量の株式を移動しておくと税額で有利になることがあります。

**図表 4-5** 贈与税の速算表

| 基礎控除後の課税価格 | 直系尊属からの贈与(※) | | その他 | |
|---|---|---|---|---|
| | 税 率 | 控除額 | 税 率 | 控除額 |
| 200 万円以下 | 10% | ― | 10% | ― |
| 300 万円以下 | 15% | 10 万円 | 15% | 10 万円 |
| 400 万円以下 | | | 20% | 25 万円 |
| 600 万円以下 | 20% | 30 万円 | 30% | 65 万円 |
| 1,000 万円以下 | 30% | 90 万円 | 40% | 125 万円 |
| 1,500 万円以下 | 40% | 190 万円 | 45% | 175 万円 |
| 3,000 万円以下 | 45% | 265 万円 | 50% | 250 万円 |
| 4,500 万円以下 | 50% | 415 万円 | 55% | 400 万円 |
| 4,500 万円超 | 55% | 640 万円 | | |

※ 18 歳以上の者が直系尊属から贈与を受けた場合

**図表 4-6** 相続税の速算表

| 基礎控除後の各法定相続人の法定相続分相当額 | 税 率 | 控除額 |
|---|---|---|
| 1,000 万円以下 | 10% | ― |
| 3,000 万円以下 | 15% | 50 万円 |
| 5,000 万円以下 | 20% | 200 万円 |
| 1 億円以下 | 30% | 700 万円 |
| 2 億円以下 | 40% | 1,700 万円 |
| 3 億円以下 | 45% | 2,700 万円 |
| 6 億円以下 | 50% | 4,200 万円 |
| 6 億円超 | 55% | 7,200 万円 |

**Q4-3** 後継者が会社を設立して外部から資金を調達し、その会社を通じて先代から株式を買い取るケースがあるようですが、どのような方法なのでしょうか？

**A** ● ● ● ● ● ● ● ● ● ● ● ● ● ● ● ● ● ● ● ● ● ● ● ● ● ● ● ● ● ●

　この方法は、先代経営者から後継者へ株式を移動するにあたって、相続や贈与ではなく、後継者が株式を買い取るパターンに該当します（Q4-2参照）。すなわち、株式の移動方法の１つとして位置付けることができます。後継者個人には資力がないため、買取資金は外部から調達し、受け皿会社を通じて株式を買い取るというイメージです。

　この方法については、現経営者も受け皿会社に一部出資するケースや、その際に属人的定めを活用して現経営者が当面は議決権の大半を保有するようなケース等もありますが、ここでは基本的なスキーム例とその主なメリットや留意点について解説します。

## ❶ スキーム例

　後継者が少額を出資することにより受け皿会社（これが持株会社となります）を設立し、受け皿会社が金融機関から調達した資金をもとに、現経営者の保有株式のすべてを買い取ります（現経営者以外の株主が保有している株式もあわせて買い取るケースもあります）。すると、買い取り後は、後継者が少額を出資して設立した受け皿会社が事業会社に出資するという形になり、後継者は受け皿会社を通じて事業会社の経営権を取得することができます。

**図表 4-7** 基本的なスキーム例

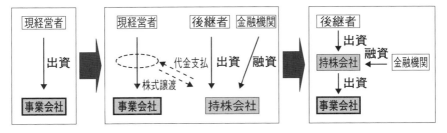

## ❷ 主なメリット

・現経営者は生前に後継者への株式の移動を完了できます。

・後継者にとっては自己資金が要らないため、株式の移動に係る納税や資金の負担が困難な場合には有効な選択肢の一つになるといえます。ただし、後継者や事業会社による借入への保証は必要になるケースがあります。

・現経営者は保有していた株式を相応の株価水準で現金化できます。また、評価額が変動する株式が現金に変わることになるため、相続財産の評価額を固定化できるという効果もあります。なお、自己株式化をした場合と異なり、譲渡益への課税が約2割となります。

・持株会社を通じた売買による移動となるため、売買価格が適切とされれば遺留分の対象となる財産には含まれない可能性があります。

・持株会社の株式を純資産価額方式で評価する場合には、将来的に事業会社の株価が上昇した際、その上昇幅の一部が抑えられるという効果

が認められます（参考：Q4-12）。

### ❸ 主な留意点

・買い取りのために外部から調達した資金は、事業会社が配当等を通じて返済することとなります。事業会社にとっては重い負担となるケースも多く、調達資金の返済スキームが現実的なものか十分に検討する必要があります。

・持株会社への譲渡株価については、実務的には法人税法上の時価や所得税法上の時価を目安にしているケースが多いようです。そのため、譲渡株価が相続・贈与時の評価額よりも高くなることが多く、後継者への株式移動コストとしては割高になる可能性があるため留意が必要です。

移動コストの負担抑制のための選択肢

## Q4-4 移動コストを抑えるための基本的な考え方について教えてください。

**A** • • • • • • • • • • • • • • • • • • • • • • • • • • • • • • • • •

　移動コストの負担を抑えるための選択肢としては、大きく分けて2つあります。1つは事業承継税制（納税が猶予・免除される制度）を活用すること、もう1つは株価評価額を抑えることです。そして、これらの対策をしてもなお負担しなければならない金額については、納税資金をいかに確保するかを考えていくこととなります。

**図表 4-8** 移動コストの負担を抑えるための選択肢

```
                              ┌──→ 事業承継税制の活用
移動コストの負担抑制のための選択肢 ─┤
                              └──→ 株価評価額の抑制
```

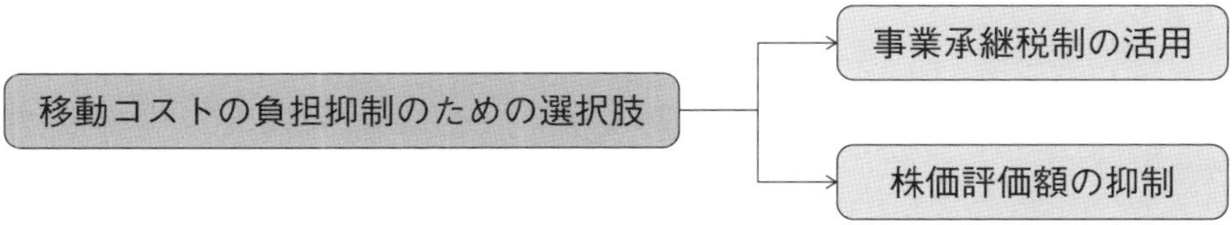

### ❶ 事業承継税制の活用

　中小企業において後継者が株式を承継する際の税負担は重く、これが原因で株式が分散して経営の安定を損ね、ひいては中小企業が支えている地域の雇用や地域経済の活力に支障を与えるおそれがあること等を背景として、平成21年に事業承継税制が創設されました。この事業承継

税制は、非上場株式についての相続税及び贈与税の納税猶予及び免除の特例ともいわれ、その後、数度の改正を経て、平成30年の税制改正において、10年間の期間限定の特例措置が設けられることになりました。この制度をうまく活用することで、株式の承継に伴う税負担を大きく軽減することが可能になります。本税制の概要や活用にあたっての留意点については、**Q4-5〜 Q4-9**をご参照ください。

## ❷ 株価評価額の抑制

　これは一般的には自社株式対策や株価対策といわれる話ですが、具体的な話に入る前にまず申し上げておきたいことは、この株価対策が主目的になってしまい、本業に悪影響を及ぼすことになっては本末転倒だということです。また、税務面においては、経済合理性のない対策は租税回避行為として否認されるリスクがあり、単に株価の引き下げだけを狙った対策は避けるべきでしょう。加えて、将来、税務面の取扱いが変わることによって、それまでに実施した対策の効果がなくなってしまうリスクもあるため、あわせて留意が必要です。

**図表 4-9** 株価評価額の抑制へのアプローチ

```
自社株の評価額＝単価 × 数量

    ┌─ 単価の抑制 ─────────────────────────┐
    │   ・実務上よく採り上げられる選択肢                │
    │     ・短期的な効果が認められるもの          ……Q4-10  │
    │     ・長期的な効果が認められるもの          ……Q4-11  │
    │     ・今後の上昇幅を抑える効果が認められるもの ……Q4-12  │
    │   ・その他の選択肢                    ……Q4-13  │
    └─────────────────────────────────┘

    ┌─ 数量の抑制 ─────────────────────────┐
    │   ・持株数の減少                     ……Q4-14  │
    └─────────────────────────────────┘
```

　保有している株式の評価額は単価×数量で算定されます。そのため、保有している株式の評価額を抑えるには単価を抑えるか、もしくは数量を抑えるか、といったアプローチを採ることになります（複数の方法を組み合わせることもできます）。

　このうち、単価の抑制については様々な方法があり混乱してしまう方も少なくないと思われます。ここでは、実務上よく採り上げられる選択肢とその他の選択肢に分けたうえで、実務上よく採り上げられる選択肢については効果の態様に着目し、短期的な効果が認められるもの、長期的な効果が認められるもの、今後の上昇幅を抑える効果が認められるものの3つに区分して、それぞれ解説を加えていきます。これらの詳細については、Q4-10 ～ Q4-13をご参照ください。

　一方、数量の抑制については、経営者が保有している自社株式の数量を減らすことによって、経営者から後継者への移動数量を抑えるというものになります。詳細については、Q4-14をご参照ください。

## （1）　事業承継税制の活用

## Q4-5　事業承継税制とは、どのような制度ですか？

　事業承継税制とは、後継者が、経営承継円滑化法の認定を受けている非上場会社の株式等を贈与または相続等により取得した場合において、その株式等に係る贈与税・相続税について、一定の要件のもと、その納

税を猶予し、後継者の死亡等により、納税が猶予されている贈与税・相続税の納付が免除されるという制度です。

　この事業承継税制は平成21年に創設され、その後、数度の改正による見直しが行われましたが、実際に適用を受ける企業数は限定的なものに留まっていました。そこで、円滑な世代交代を推し進めるため、平成30年度の税制改正において、従来の事業承継税制に加え、10年間の特例制度として、各種要件の緩和を含む抜本的な拡充が行われました。したがって、今後、令和9年までは、従来の事業承継税制（以下、「一般措置」という）と拡充された特例制度（以下、「特例措置」という）の2本立てになっています。この特例措置は、平成30年4月1日から令和8年3月31日までに特例承継計画を提出し、かつ、平成30年1月1日から令和9年12月31日までに贈与・相続等による株式の承継を行う場合に適用することができます。

**図表 4-10** 一般措置と特例措置の適用関係

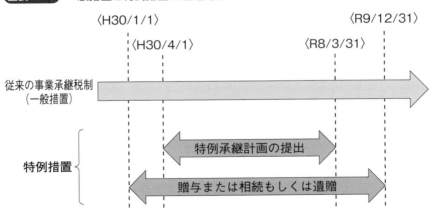

　なお、特例措置は拡充された項目以外については一般措置の規定を準用しているため、本書では、まず一般措置の概要と活用イメージを解説

し、その後に特例措置について解説することとします。

 **Q4-6** 従来の事業承継税制（一般措置）の概要について教えてください。

**A**・・・・・・・・・・・・・・・・・・・・・・・・・・・・・・・・・・・・・・・・・・・・

　事業承継税制は、「贈与税の納税猶予及び免除の制度」と、「相続税の納税猶予及び免除の制度」の２つに大きくわかれており、従来の事業承継税制（一般措置）の概要は、以下の通りです。

**図表 4-11** 従来の事業承継税制（一般措置）の概要

---

**① 非上場株式等についての贈与税の納税猶予及び免除**

　後継者である受贈者が、贈与により、円滑化法の認定を受ける非上場会社の株式等を贈与者（先代経営者）から全部または一定以上取得し、その会社を経営していく場合には、その後継者が納付すべき贈与税のうち、その株式等（後継者が贈与前からすでに保有していた議決権株式を含めて、発行済議決権株式総数の３分の２に達するまでの部分）に対応する贈与税の全額の納税が猶予され、先代経営者の死亡等により、納税が猶予されている贈与税の納付が免除されます。

---

**② 非上場株式等についての相続税の納税猶予及び免除**

　後継者である相続人等が、相続等により、円滑化法の認定を受ける非上場会社の株式等を被相続人（先代経営者）から取得し、その会社を経営していく場合には、その後継者が納付すべき相続税のうち、その株式等（後継者が相続前からすでに保有していた議決権株式を含めて、発行済議決権株式総数の３分の２に達するまでの部分）に係る課税価格の80％に対応する相続税の納税が猶予され、後継者の死亡等により、納税が猶予されている相続税の納付が免除されます。

---

［出典］国税庁ホームページより一部加筆

また、この税制を適用するためには、様々な要件を満たさなくてはなりません。事前の要件として、先代経営者等・後継者・会社の三者それぞれに満たすべき要件が定められており、実際に適用した後においては、適用後5年間とそれ以降において、それぞれ満たすべき要件が定められています。これらの主な要件は**図表4-12**、**図表4-13**をご参照ください。

**図表 4-12** 従来の贈与税の納税猶予及び免除の制度の概要

※図中の下線部分は、相続税の納税猶予及び免除の制度との相違部分

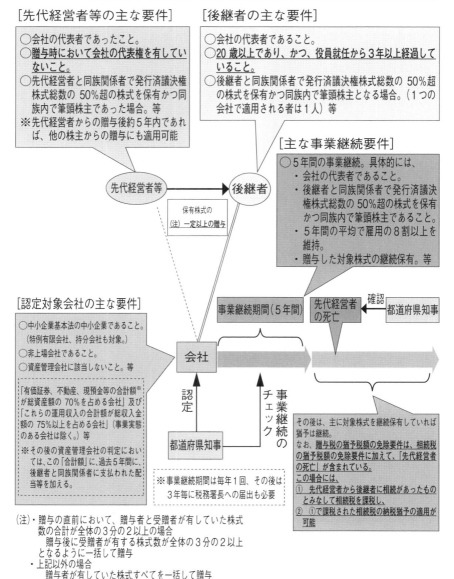

[先代経営者等の主な要件]

○会社の代表者であったこと。
○贈与時において会社の代表権を有していないこと。
○先代経営者と同族関係者で発行済議決権株式総数の 50％超の株式を保有かつ同族内で筆頭株主であった場合。等
※先代経営者からの贈与後約 5 年内であれば、他の株主からの贈与にも適用可能

[後継者の主な要件]

○会社の代表者であること。
○20 歳以上であり、かつ、役員就任から 3 年以上経過していること。
○後継者と同族関係者で発行済議決権株式総数の 50％超の株式を保有かつ同族内で筆頭株主となる場合。（1 つの会社で適用される者は 1 人）等

[主な事業継続要件]

○5 年間の事業継続。具体的には、
・会社の代表者であること。
・後継者と同族関係者で発行済議決権株式総数の 50％超の株式を保有かつ同族内で筆頭株主であること。
・5 年間の平均で雇用の 8 割以上を維持。
・贈与した対象株式の継続保有。等

先代経営者等 → 後継者

保有株式の
（注）一定以上の贈与

[認定対象会社の主な要件]

○中小企業基本法の中小企業であること。
（特例有限会社、持分会社も対象。）
○非上場会社であること。
○資産管理会社に該当しないこと。等

「有価証券、不動産、現預金等の合計額※」が総資産額の 70％を占める会社」及び「これらの運用収入の合計額が総収入金額の 75％以上を占める会社」（事業実態のある会社は除く。）等

※その後の資産管理会社の判定においては、この「合計額」に、過去 5 年間に、後継者と同族関係者に支払われた配当等を加える。

会社

事業継続期間（5 年間）

先代経営者の死亡 ← 確認 ← 都道府県知事

認定

事業継続のチェック

都道府県知事

※事業継続期間は毎年 1 回、その後は 3 年毎に税務署長への届出も必要

その後は、主に対象株式を継続保有していれば猶予は継続。
なお、贈与税の猶予税額の免除要件は、相続税の猶予税額の免除要件に加えて、「先代経営者の死亡」が含まれている。
この場合には、
① 先代経営者から後継者に相続があったものとみなして相続税を課税し、
② ①で課税された相続税の納税猶予の適用が可能

（注）・贈与の直前において、贈与者と受贈者が有していた株式数の合計が全体の 3 分の 2 以上の場合
　　　　贈与後に受贈者が有する株式数が全体の 3 分の 2 以上となるように一括して贈与
　　　・上記以外の場合
　　　　贈与者が有していた株式すべてを一括して贈与

[出典] 中小企業庁「平成 21 年度税制改正の概要〈中小企業関係税制〉」（平成 21 年 2 月）をもとに修正のうえ作成

**図表 4-13** 従来の相続税の納税猶予及び免除の制度の概要

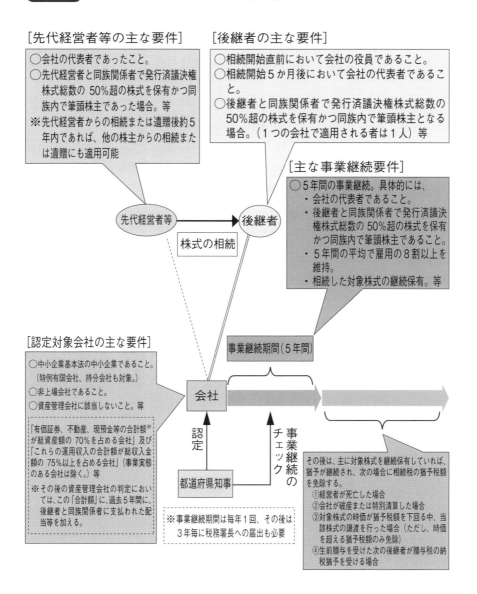

[先代経営者等の主な要件]
○会社の代表者であったこと。
○先代経営者と同族関係者で発行済議決権株式総数の 50％超の株式を保有かつ同族内で筆頭株主であった場合。等
※先代経営者からの相続または遺贈後約5年内であれば、他の株主からの相続または遺贈にも適用可能

[後継者の主な要件]
○相続開始直前において会社の役員であること。
○相続開始5か月後において会社の代表者であること。
○後継者と同族関係者で発行済議決権株式総数の 50％超の株式を保有かつ同族内で筆頭株主となる場合。（1つの会社で適用される者は1人）等

[主な事業継続要件]
○5年間の事業継続。具体的には、
・会社の代表者であること。
・後継者と同族関係者で発行済議決権株式総数の 50％超の株式を保有かつ同族内で筆頭株主であること。
・5年間の平均で雇用の8割以上を維持。
・相続した対象株式の継続保有。等

先代経営者等 → 後継者

株式の相続

事業継続期間（5年間）

[認定対象会社の主な要件]
○中小企業基本法の中小企業であること。（特例有限会社、持分会社も対象。）
○非上場会社であること。
○資産管理会社に該当しないこと。等

「有価証券、不動産、現預金等の合計額※が総資産額の 70％を占める会社」及び「これらの運用収入の合計額が総収入金額の 75％以上を占める会社」（事業実態のある会社は除く。）等
※その後の資産管理会社の判定においては、この「合計額」に、過去5年間に、後継者と同族関係者に支払われた配当等を加える。

会社

認定

都道府県知事

事業継続のチェック

※事業継続期間は毎年1回、その後は3年毎に税務署長への届出も必要

その後は、主に対象株式を継続保有していれば、猶予が継続され、次の場合に相続税の猶予税額を免除する。
①経営者が死亡した場合
②会社が破産または特別清算した場合
③対象株式の時価が猶予税額を下回る中、当該株式の譲渡を行った場合（ただし、時価を超える猶予税額のみ免除）
④生前贈与を受けた次の後継者が贈与税の納税猶予を受ける場合

[出典] 中小企業庁「平成 21 年度税制改正の概要〈中小企業関係税制〉」（平成 21 年 2 月）をもとに修正のうえ作成

## Q4-7 事業承継税制を活用した場合のイメージを教えてください。

**A** ● ● ● ● ● ● ● ● ● ● ● ● ● ● ● ● ● ● ● ● ● ● ● ● ● ● ● ● ●

　実際に事業承継税制を活用して株式の承継をした場合、どのような流れになるのか、以下の３つのケースについてそのイメージを見てみましょう。

### ❶ 1代目 (生前贈与) → 2代目 (生前贈与) → 3代目 のケース

　1代目から2代目、2代目から3代目ともに生前贈与により株式の承継をするケースでは、まず、1代目から2代目に生前贈与により承継する際、2代目が贈与税の納税猶予の適用を受けます。その後、1代目に実際に相続が発生すると、それまで猶予されていた2代目の贈与税は免除されますが、同時に、この株式を相続等により取得したものとみなされて、2代目に相続税が課税されます。2代目は、この相続税についても納税猶予の適用を受け、猶予を継続していきます。そして、2代目から3代目に生前贈与により承継する際、3代目も贈与税の納税猶予の適用を受ける場合に、2代目が猶予されていた相続税が免除されることとなります。

　このように、代々この事業承継税制を用いて株式を承継していくことにより、承継に伴う実際の税負担を大きく抑えることが可能になります。

**図表 4-14** ❶のケースにおける事業承継税制の活用イメージ

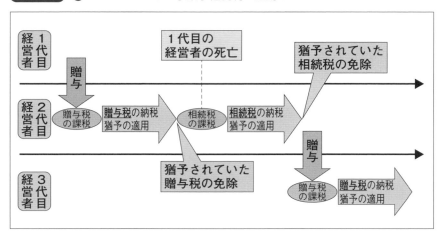

## ❷ 1代目（生前贈与）→ 2代目（相続）→ 3代目 のケース

　次に、1代目から2代目へは生前贈与により株式の承継をしますが、2代目は自らが亡くなるまで株式を保有しているケースです。

　まず、1代目から2代目に生前贈与により承継する際、2代目が贈与税の納税猶予の適用を受けます。その後、1代目に実際に相続が発生すると、それまで猶予されていた2代目の贈与税は免除されますが、同時に、この株式を相続等により取得したものとみなされて、2代目に相続税が課税されます。2代目はこの相続税についても納税猶予の適用を受け、猶予を継続していきます。そして、2代目が亡くなるまで株式を保有していた場合には、2代目の死亡により、2代目が猶予されていた相続税は免除されます。3代目は2代目から株式を相続することになりますが、この際に生じる相続税について納税するのか、それとも納税猶予の適用を受けるのかについての選択が、2代目の相続税の免除に影響を与えることはありません。

このように、3代目以降が本税制を用いなくても、2代目に限っては、自らが亡くなるまで株式を保有していることにより、猶予を受けた相続税が免除されるということができます。

**図表4-15** ❷のケースにおける事業承継税制の活用イメージ

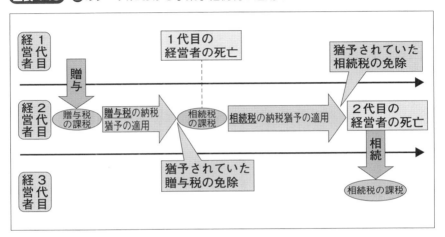

## ❸ 1代目 （相続）→ 2代目 のケース

最後に、1代目から2代目へは相続により株式の承継をするケースです。1代目が亡くなり、2代目が株式を相続すると、2代目には相続税が課税されますが、本税制を適用することにより相続税の納税を猶予することができます。その後は、生前贈与により3代目に承継すれば❶のケースのようになり、2代目が死亡するまで株式を保有していれば❷のケースのようになります。

このように、❶や❷のケースのように生前贈与によるのではなく、相続が生じてから本税制を適用することも可能です。なお、この場合には、相続開始直前において後継者は役員であることが求められている点に

は、留意が必要です（ただし、先代経営者が70歳未満で死亡した場合を除きます）。

**図表 4-16** ❸のケースにおける事業承継税制の活用イメージ

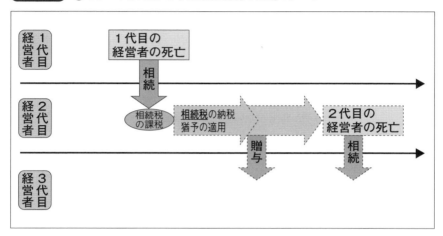

 **Q4-8** 平成 30 年度の税制改正において設けられた特例措置の具体的な内容について教えてください。

**A** ● ● ● ● ● ● ● ● ● ● ● ● ● ● ● ● ● ● ● ● ● ● ● ● ● ● ● ● ● ● ● ● ●

　円滑な世代交代を推し進めるため、平成 30 年度の税制改正において、事業承継税制について、これまでの措置（一般措置）に加え、10 年間の特例措置として、各種要件の緩和を含む抜本的な拡充が行われました。

　具体的には、施行日後 5 年以内（平成 30 年 4 月 1 日から令和 5 年 3 月 31 日まで）に特例承継計画を提出し、かつ、10 年以内（平成 30 年 1 月 1 日から令和 9 年 12 月 31 日まで）に贈与・相続等による株式の承継を行う

場合に、以下のような措置が設けられました。

なお、その後の改正により、特例承継計画の提出期限は令和8年3月31日まで延長されています。

## ❶ 対象株式数と納税猶予割合の拡大

猶予対象の株式の制限（発行済議決権株式総数の3分の2）を撤廃し、納税猶予割合80％を100％に引き上げることにより、贈与・相続時の納税負担が生じない制度とされました。

## ❷ 対象者の拡大

一般措置においては1名の後継者への贈与・相続にしか適用できませんでしたが、2名または3名の後継者に対する贈与・相続にも適用が可能になりました。この場合には、後継者全員が代表者となり、各後継者は議決権割合10％以上を保有するとともに、後継者以外の同族株主よりも多くの議決権を保有することが必要です。

## ❸ 雇用確保要件の弾力化

一般措置においては、雇用確保要件（承継後5年間、平均8割以上の雇用維持が必要）を満たさない場合には猶予が取り消しになりますが、特例措置においては、雇用確保要件を満たせない場合であっても、その満たせない理由を記載した書類（認定経営革新等支援機関の意見が記載されているものに限る）を都道府県に提出すれば、猶予の取り消しにはなりません。なお、その理由が、経営状況の悪化である場合または正当なものと認められない場合には、認定経営革新等支援機関から指導及び助言

を受けて、当該書類にその内容を記載しなければならないこととされています。

## ④ 経営環境の変化に対応した減免制度の創設

経営環境の変化による将来の不安を軽減するため、承継から5年経過後に、事業の継続が困難な一定の事由が生じた場合に株式の譲渡等をした際には、その対価の額をもとに相続（贈与）税額を再計算し、再計算した税額等が当初の納税猶予額を下回る場合には、その差額を免除することとされました。

## ⑤ 相続時精算課税制度の適用対象者の拡大

相続時精算課税制度は、贈与者の推定相続人及び孫への贈与のみが対象とされていますが、特例措置においては、贈与者が60歳以上の者である場合には、後継者が贈与者の推定相続人以外の者（その年1月1日において18歳以上である者に限る）であっても、相続時精算課税の適用を受けることができるようになりました。これによって、親族内の複数の者から贈与を受ける場合や、親族外承継の場合において本税制を適用する際にも相続時精算課税制度を活用できることになり、猶予が取り消された際に過大な税負担が生じるリスクが軽減されることとなりました。

**図表 4-17** 一般措置と特例措置の比較

|  | 特例措置 | 一般措置 |
|---|---|---|
| 事前の計画策定等 | 特例承継計画の提出<br>（平成30年4月1日から令和8年3月31日まで） | 不要 |

| 適用期限 | 次の期間の贈与・相続等（平成30年1月1日から令和9年12月31日まで） | なし |
|---|---|---|
| 対象株数 | 全株式 | 総株式数の最大3分の2まで |
| 納税猶予割合 | 100% | 贈与：100%<br>相続：80% |
| 承継パターン | 複数の株主から最大3人の後継者 | 複数の株主から1人の後継者 |
| 雇用確保要件 | 弾力化 | 承継後5年間、平均8割以上の雇用維持が必要 |
| 事業の継続が困難な事由が生じた場合の免除 | あり | なし |
| 相続時精算課税の適用 | 60歳以上の者から18歳以上の者への贈与 | 60歳以上の者から18歳以上の推定相続人・孫への贈与 |

［出典］国税庁ホームページをもとに修正のうえ作成

 **Q4-9** **特例措置の活用を検討する際には、どのような点に留意するとよいでしょうか？**

**A** ●●●●●●●●●●●●●●●●●●●●●●●●●●●●●●●●●●●●●●●●●●●

　特例措置の活用を検討する際には、以下のような点について留意しておくとよいでしょう。

## ① 特例承継計画は提出しておく

　今回の特例措置は、平成 30 年 4 月 1 日から令和 8 年 3 月 31 日までに特例承継計画を提出することが適用に際しての前提条件となっています。この計画はいったん提出してしまうと、提出した内容に沿って事業承継税制（以下、「本税制」という）を使わなくてはならないようにも思えますが、計画の提出後に内容を変更したい場合には、変更の届出をすることで変更が可能ですし、また、実際に本税制を使わなかったとしても、ペナルティはありません。そのため、世代交代の時期をすでに迎えている、あるいは今後世代交代が予定される、といった状況であれば、まずは期限内に計画を提出しておくことにより、本税制を使う際の前提条件を満たしておくとよいでしょう。

## ② 様々な角度からの検討が必要

　本税制はもともと仕組みが複雑であり、いったん用いると長期間にわたって継続していくことになることから、様々な点に留意する必要があります。そのため、先述したように特例承継計画は提出しておくとしても、実際に本税制を用いて株式を後継者に移動するか否かについては、以下の点も踏まえながら、税理士等の専門家の指導の下で様々な角度から検討することが望ましいものと考えられます。

　なお、適用後の要件充足は後継者が直面する課題となりますし、後継者が潜在的な債務を抱えることにもなることから、後継者の同意を得ておくことも大切になります。

### (1) 株式の移動の期限（令和 9 年 12 月末）までに後継体制は整うか

　本税制を用いて株式を贈与する場合には、基本的には一括して贈与す

ることになります。贈与のタイミングを複数回に分けて、そのすべてに本税制を用いることはできません。また、先代経営者は贈与の時までに代表者を退任しなければなりません。最近では、株式を後継者に移動した後もしばらくは経営を監視するために拒否権付株式を保有するケースがありますが、後継者以外の人が拒否権付株式を保有している場合には、本税制を使うことはできません。

そのため、今回の特例措置を用いて株式を移動するに際しては、遅くとも株式移動の期限である令和9年12月末までに代表を退くとともに、自身が保有する大半の株式を手放すという大きな決断を迫られることになります。安心して後継者に経営を任せられるような状態にならなければ、いくら税制が使いやすいものになったとしても、株式を後継者へ移動するという決断をすることは難しいのではないでしょうか。特例措置の活用を検討する際には、まずは株式移動の期限である令和9年12月末までに、後継体制をしっかり整えていくことが大前提ということができるでしょう。

## (2) 他の選択肢との比較検討

本税制を活用すると実際にどの程度の税金が猶予されるのか、本税制以外の方法によって移動した場合にはどの程度の税金が生じるのか、これらを専門家に依頼して事前に把握し、よく比較検討したほうがよいでしょう。仮に本税制によって猶予される金額がそれ程大きくない場合には、次の（3）に記載するような将来にわたる手間や制約・リスクの他、専門家への報酬等も勘案すると、本税制を用いずに納税するという選択も考えられるところです。

## (3) 中長期的な視点も大切

### ①次の世代への移動も視野に入れておく

　　後継者が事業を継続していくことを前提にすると、後継者が猶予された税額について全額の免除を受けるためには、後継者自らが亡くなるまで株式を保有しているか、もしくは、その後継者の次の世代（以下、「次の世代」という）へ生前贈与したうえで、次の世代も本税制を用いることが必要になります。仮に、後継者が生前に本税制以外の方法で株式を次の世代へ移動した場合には、その部分に対応する猶予税額を利子税も含めて納税しなければなりません。そのため、後継者が猶予された税額の全額について最終的に免除を受けるためには、次の世代への株式の移動についても視野に入れて検討をしておくとよいでしょう。

### ②長期間にわたる事務管理が必要

　　本税制の適用後5年間は毎年、都道府県や税務署へ報告書や届出書の提出が必要になるほか、5年経過後は3年に1回税務署への届出が必要になる等、納税猶予を継続するためには長期間にわたる事務管理が必要になります。

### ③取消事由の発生の可能性の検討

　　納税猶予の適用を受けた場合、継続してその適用を受け続けるためには、所定の要件を満たしていく必要があります。仮に適用後の要件を満たさなくなった場合には、納税猶予が取り消され、納税猶予額に利子税をあわせて納付しなければなりません（適用後5年経過後であれば、当初の5年分の利子税は免除されます）。したがって、本税制の利用の検討にあたっては、取り消しとなる事由が生じる可能性についても十分に考慮する必要があります。

④今回の特例措置は 10 年間限定の措置

　　今回の特例措置を用いて株式を譲り受けた後継者が、特例措置の終了後に自身の保有する株式を次の世代に承継する場合、特例措置の延長がないことを前提にすると、従来の一般措置を用いることになります。一般措置においては、対象となる株式数や猶予割合に制限があるため、移動したい株式に係る相続税が全額猶予されるわけではありません。また、特例措置では実質的に撤廃とされていた雇用要件（本税制の適用後 5 年間は雇用の平均 8 割以上を維持しなければならない）があることにも留意が必要です。

## （4）　その他

①複数後継者への承継は慎重に判断

　　従来の一般措置においては後継者は 1 人に限定されていましたが、今回の特例措置においては複数の後継者（最大 3 人）への承継に用いることが可能になっています。しかし、株式が複数の後継者に分散することにより、将来の経営やさらなる次世代への承継の際の妨げになる可能性も否定できません。今後の後継体制を十分に検討したうえで、慎重な判断が必要なものと考えられます。

②遺留分への配慮

　　今回の特例措置においては、従来の一般措置に比べて対象となる株式数が拡大されています。その結果、後継者以外の相続人の遺留分を侵害するケースが増えると考えられるため、相続人間における財産の配分については、従来より増して配慮が求められるでしょう。遺留分への対応については、**Q4-17 〜 Q4-18** をご参照ください。

③贈与時の留意事項

　本税制を用いて贈与した株式については、相続時において、相続
財産の範囲に含めて相続税を計算します。そのため、株式の評価額
が大きい場合には、株式以外の相続財産の相続税率に影響を及ぼす
ことも考えられます。この株式の評価額には贈与時の株価を用いる
ため、相続税の負担が大きくならないように株価が低い時期に贈与
することも考えられるところです。また、猶予税額についても贈与
時の株価で計算するため、仮に猶予が取り消された場合に払うべき
猶予税額をなるべく抑えておくという観点からも、株価の低い時期
に贈与を検討するとよいでしょう。

## (2) 株価評価額の抑制

**Q4-10** 実務上よく採り上げられる選択肢のうち、短期的な効果が認められるものについて教えてください。

**A** ●●●●●●●●●●●●●●●●●●●●●●●●●●●●●●●●●●●●●●

　実務上よく採り上げられる選択肢のうち、短期的な効果が認められる
ものとして、ここでは退職金の支給、金融商品の利用、多額の設備投資
による償却費の計上を採り上げます。

### ❶ 利益に着目

　一般的に支配株主の場合には、会社規模の区分を判定し、その区分に

よって類似業種比準価額方式、純資産価額方式、それらの併用方式のいずれかによって株価が算定されることとなりますが（152〜154頁参照）、純資産価額に比べて類似業種比準価額のほうが低く算出されるケースが多いこと、純資産価額を抑える現実的な選択肢があまりないこと等から、実務上はまず類似業種比準価額が抑えられる可能性の有無を検討していくことが多いといえます。

　この類似業種比準価額の算定式（154頁参照）のなかで、会社側の要因としては、配当・利益・純資産があります。このうち、配当については中小企業ではそもそも配当していないケースが多く、また、純資産については大きく引き下げることが現実には難しいことが多いため、類似業種比準価額の抑制を考える際には、主に利益を抑える方法の有無が検討されることとなります。もっとも、利益を抑える際には、税務上損金として認められる方法によらなければならないことから選択肢は限られてきます。実務上、よく選択肢として挙がるものとしては、退職金の支給、損金となるオペレーティングリースや保険のような金融商品の利用、多額の設備投資による償却費の計上といったところでしょう。これらはいずれも利益が抑えられるのは一時的になりますので、短期的には効果が認められるということになります。

## ❷ 各選択肢について

　先述した選択肢のうち、中小企業において比較的現実味があって効果も認められるのは、退職金の支給でしょう。経営者は、いずれは退任しなければならない時期がやってきますし、中小企業の経営者であれば在任期間が長期にわたるのが通常ですから、多額の退職金を支給することも少なくありません。その結果、退職金の支給年度においては利益水準が大きく低下するケースも多いのではないかと考えられます。

オペレーティングリースや保険などの金融商品については、一時的な損金計上による効果は認められますが、その一方で償還時や契約期間の後半には逆に利益が計上されることには留意が必要になります。

また、最近では一定の要件を満たした設備投資をした場合に即時償却が可能な税制措置があることから、まとまった設備投資をする年度においては多額の償却費の計上を通じて利益水準が低下するケースもあり得るでしょう。

なお、業績の変動により利益水準が一時的に下がるような時期があれば、結果的に類似業種比準価額が下がることも多いため、上記のような選択肢によるまでもなく、まずはそのタイミングで株式の移動が検討されるケースも実務上はよく見かけるところです。後継候補が早めに決まり、株式の移動に時間的余裕のあるケースであれば、業績の推移を見ながら株式の移動の時期を検討することも考えられるでしょう。

## Q4-11 実務上よく採り上げられる選択肢のうち、長期的な効果が認められるものについて教えてください。

実務上よく採り上げられる選択肢のうち、長期的な効果が認められるものとして、ここでは組織再編と増資を採り上げます。

### 1 組織再編

これは、会社分割・株式交換・株式移転など会社法上の組織再編行為のほか、事業や資産の移転等を通じてグループ会社の再編を行った結果、

親会社の株価評価において子会社の財務数値の影響が弱まることがあるというものです。類似業種比準価額の算定上、再編前に比べて親会社の利益水準や純資産価額が恒常的に低下することがあり、長期的な効果が認められることも多いですが、親会社がある程度の企業規模（大会社や中会社の大など）を維持しつつ、株式等保有特定会社（総資産に占める株式等の割合が50％以上の会社）に該当しないこと等が前提となるため、そもそも当てはまるケースは限られてくるでしょう。

　また、株価引き下げの目的が先行してしまい、再編行為が事業上の必要性と整合していないと本業に悪影響を及ぼすことも考えられますし、経済合理性のない行為については税務上否認されるリスクもありますので留意が必要です。なかには、親会社が株式等保有特定会社に該当しないよう、多額の借入により不動産を取得するケースもあり、その際にはそれに伴う借入の返済負担や不動産の保有リスク等も勘案する必要があります。

　この選択肢は金額的な効果が大きいケースも少なくありませんが、一方で実行に伴う諸手続や諸費用の負担が重いことも多く、実行に際しては先述した点も踏まえて慎重に検討することが必要なものと考えられます。

## ❷ 増 資

　増資のように、株式数を増やすことによって結果的に株価が抑えられることもあります。主に1株当たりの配当・利益・純資産が下がるためで、類似業種比準価額・純資産価額ともに株式数が減らない限りは長期的な効果が認められるといえるでしょう。ただし、効果が生じるのは、例えば配当還元価額のように、原則的評価方式よりも低い水準で引き受けることができる先への増資に限られます。一般的に、従業員に新株を引き受けてもらう場合などが該当しますが、経営権への影響や引受け側

の資力等を考えると多数の株式を発行するのはあまり現実的ではなく、株価への影響は限定的になることが多いものと考えられます。

---

## Q4-12 実務上よく採り上げられる選択肢のうち、今後の上昇幅を抑える効果が認められるものについて教えてください。

**A** ● ● ● ● ● ● ● ● ● ● ● ● ● ● ● ● ● ● ● ● ● ● ● ● ● ● ● ● ● ●

　実務上よく採り上げられる選択肢のうち、今後の株価の上昇幅を抑える効果が認められるものとして、持株会社を通じた株式の保有があります。

　これは、持株会社の設立後、傘下の事業会社の株価が将来にわたって上昇した場合に、その上昇幅の一部を抑える効果が認められるというものです。税務上、持株会社の株価は純資産価額方式で計算されることが多いのですが、その際に保有資産に含み益が生じている場合には、法人税額等相当額（令和6年4月現在で37％分）を控除することになっているため、持株会社を挟むことにより株価の上昇が緩やかになるのがその理由です。

　ここでは、株式移転という方法を用いることによってコストや手間をあまりかけずに持株会社を設立するケースについて、基本的なスキーム例と主な留意点について解説します。なお、その他の方法によって持株会社体制になった場合においても同様の効果が認められるケースがあります。

### ❶ スキーム例

　株式移転という行為により、「持株会社となる会社」を新たに設立し、

これに「現経営者が有する既存の事業会社の株式」を移転するとともに、現経営者はその移転の対価として「持株会社となる会社の株式」を受け取ります。この結果、「持株会社」が「事業会社の株式」を100％保有する形となり、現経営者は「持株会社」を通じて「事業会社の株式」を保有することになります。

　この一連の株式の移動に際して基本的に資金は必要ありませんが、株式移転に際しての主な手続きとして株主総会の特別決議が必要となり、特に反対株主には株式の買取請求権が認められていますので留意が必要です。

**図表4-18** 株式移転による持株会社の設立例

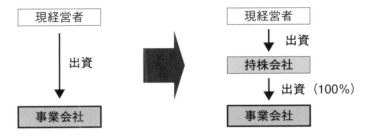

## ❷ 主な留意点

・一般的に、この方法によって持株会社を設立しただけでは株価水準に特に大きな変化は生じません。そのため、持株会社の設立後、業績の拡大等によって事業会社の株価水準が高くなっていくことが見込まれるような場合には効果が認められるといえますが、事業会社の株価水準に大きな変化がなければ特に効果もありません。

・持株会社の維持コストが発生します。

・事業会社の株式の評価において含み益に対する法人税額等相当額の控除ができないこととされているため、事業会社の会社区分が中会社・小会社で資産の含み益がある場合には、株式移転直後の株価が移転前の株価を上回る結果となりますので留意が必要です（財産評価基本通達186-3）。

## Q4-13 その他の選択肢については、どのようなものがあるか教えてください。

### A ・・・・・・・・・・・・・・・・・・・・・・・・・・・・・・・・・・・・・

Q4-10～Q4-12で採り上げたもの以外に選択肢として挙げられることがあるものについて、いくつか解説します。

### ❶ 合併や事業譲り受け

取引相場のない株式の評価においては、総資産価額・従業員数・取引金額の3要素によって会社区分を判定し、その区分によって評価方法がそれぞれ決まっています（153頁参照）。同族株主を前提にすると、類似業種比準価額方式による評価のほうが純資産価額方式による評価よりも低くなるケースにおいては、類似業種比準価額の割合が高いほうが株価は低くなるため、会社の区分が大きくなるほど株価は低くなります。そのため、合併や事業譲り受け等による規模拡大で3要素の増加を通じて会社区分が大きくなることによって、結果的に株価が下がることがあります。

## ❷ 含み損の実現

短期的な効果が認められる選択肢として、**Q4-10**で採り上げたもの以外に保有資産に係る含み損の実現が挙げられることがあります。これについては、そもそも含み損を有している売却可能な資産があり、実現させたいタイミングで売却先も見つかることが前提になります。また、多額の損失を計上できるだけの体力があることも必要でしょう。実施の際には、多額の損失の計上や担保の解除等について金融機関等の了解も必要になることがあります。

## ❸ 不動産の取得

純資産価額を抑える選択肢として不動産の取得が採り上げられることがあります。これは、不動産の時価と相続税評価額の乖離に着目しており、例えば1億円を借り入れて時価1億円の土地建物を購入し、この不動産の相続税評価額が7千万円であれば、純資産は3千万円のマイナスになるというものです。ただし、課税時期前3年以内に取得した土地・建物等があるときは、相続税評価額ではなく、「課税時期の通常の取引価額」により評価するとされていることから、実際に効果が認められるのは3年経過後になりますので留意が必要です。なお、不動産の取得については、事業上の必要性の有無をはじめ、取得後の資産の運用、時価の下落、借入の返済等のリスクを十分に考慮する必要があり、単なる株価の引き下げだけを目的とした安易な取得は避けたほうが無難なものと考えられます。

**参考** 取引相場のない株式の評価方法

　取引相場のない株式については、主に(1)株主区分の判定、(2)会社規模の判定、(3)評価方式の判定、という手順で評価します。まず、(1)において原則的評価方式が適用される株主なのか、配当還元方式が適用される株主なのかを判定します。次に、原則的評価方式が適用される株主については、(2)において会社区分を判定した後、(3)において会社規模の区分によって評価方法が決まることとなります。各評価方法の詳細は(4)の通りです。

### (1)株主区分の判定

・同族株主の有無によって評価方式の判定方法が異なる。

**図表 4-19** 同族株主のいる会社の評価方式

| 株主の区分 | | | | | 評価方式 |
|---|---|---|---|---|---|
| 同族株主のいる会社 | 同族株主 | 取得後の議決権割合が5％以上の株主 | | | 原則的評価方式 |
| | | 取得後の議決権割合が5％未満の株主 | 中心的な同族株主がいない場合 | | |
| | | | 中心的な同族株主がいる場合 | 中心的な同族株主 | |
| | | | | 役員 | |
| | | | | その他 | 配当還元方式 |
| | 同族株主以外の株主 | | | | |

**図表 4-20** 同族株主のいない会社の評価方式

| 株主の区分 | | | | | 評価方式 |
|---|---|---|---|---|---|
| 同族株主のいない会社 | 議決権割合が15％以上のグループに属する株主 | 取得後の議決権割合が5％以上の株主 | | | 原則的評価方式 |
| | | 取得後の議決権割合が5％未満の株主 | 中心的な株主がいない場合 | | |
| | | | 中心的な株主がいる場合 | 役員 | |
| | | | | その他 | 配当還元方式 |
| | 議決権割合が15％未満のグループに属する株主 | | | | |

・同族株主

　株主の1人及びその同族関係者の有する議決権の合計数がその会社の議決権総数の30％以上（その評価会社の株主のうち、株主の1人及びその同族関係者の有する議決権の合計数が最も多いグループの有する議決権の合計数が、その会社の議決権総数の50％超である会社にあっては、50％超）である場合におけるその株主及びその同族関係者をいう。

・中心的な同族株主

　同族株主の1人並びにその株主の配偶者、直系血族、兄弟姉妹及び1親等の姻族（これらの者の同族関係者である会社のうち、これらの者が有する議決権の合計数がその会社の議決権総数の25％以上である会社を含む。）の有する議決権の合計数がその会社の議決権総数の25％以上である場合におけるその株主をいう。

・中心的な株主

　株主の1人及びその同族関係者の有する議決権の合計数がその会社の議決権総数の15％以上である株主グループのうち、いずれかのグループに単独でその会社の議決権総数の10％以上の議決権を有している株主がいる場合におけるその株主をいう。

## （2）会社規模の判定

・従業員数が70人以上の場合には、無条件で大会社に該当
・従業員数が70人未満の場合には、3要素（①総資産価額、②従業員数、③取引金額）によって判定
　→「①と②のいずれか小さいほう」と「③」を比較していずれか大きいほうの会社規模

**図表 4-21** 従業員数 70 人未満の場合の会社規模の判定

| ①総資産価額（帳簿価額） | | | ②従業員数 | ③取引金額 | | | 会社規模の区分 | |
|---|---|---|---|---|---|---|---|---|
| 卸売業 | 小売・サービス業 | その他 | | 卸売業 | 小売・サービス業 | その他 | | |
| 20億円以上 | 15億円以上 | 15億円以上 | 35人超70人未満 | 30億円以上 | 20億円以上 | 15億円以上 | 大会社 | |
| 4億円以上 | 5億円以上 | 5億円以上 | | 7億円以上 | 5億円以上 | 4億円以上 | 中会社 | 大 |
| 2億円以上 | 2.5億円以上 | 2.5億円以上 | 20人超35人以下 | 3.5億円以上 | 2.5億円以上 | 2億円以上 | | 中 |
| 7千万円以上 | 4千万円以上 | 5千万円以上 | 5人超20人以下 | 2億円以上 | 6千万円以上 | 8千万円以上 | | 小 |
| 7千万円未満 | 4千万円未満 | 5千万円未満 | 5人以下 | 2億円未満 | 6千万円未満 | 8千万円未満 | 小会社 | |

## （3）評価方式の判定

・一般の評価会社における原則的評価方式は、（2）の会社規模の区分に応じて定まる。
・株式や土地など特定の資産の保有割合が著しく高い等、特定の評価会社については、純資産価額方式を基本として定められている。

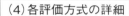

**図表 4-22** 原則的評価方式の判定

| 態様・会社規模 | 株主区分 | | 原則的評価方式 | |
|---|---|---|---|---|
| | | | 本　則 | 選　択 |
| 一般の評価会社 | 大会社 | | 類似業種比準価額方式 | 純資産価額方式 |
| | 中会社 | 大 | 併用方式（類×0.9＋純× 0.1） | 純資産価額方式 |
| | | 中 | 併用方式（類×0.75＋純×0.25） | 純資産価額方式 |
| | | 小 | 併用方式（類×0.6＋純×0.4） | 純資産価額方式 |
| | 小会社 | | 純資産価額方式 | 併用方式（類×0.5＋純×0.5） |
| 特定の評価会社（一部のみ抜粋） | 比準要素数1の会社 | | 純資産価額方式 | 併用方式（類×0.25＋純×0.75） |
| | 株式等保有特定会社 | | 純資産価額方式 | S1 ＋ S2 方式 |
| | 土地保有特定会社 | | 純資産価額方式 | |

## （4）各評価方式の詳細

### ①類似業種比準価額方式の計算式

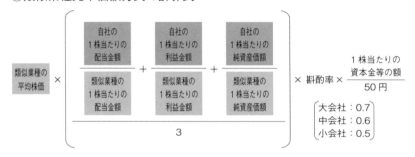

$$\text{類似業種の平均株価} \times \frac{\dfrac{\text{自社の1株当たりの配当金額}}{\text{類似業種の1株当たりの配当金額}} + \dfrac{\text{自社の1株当たりの利益金額}}{\text{類似業種の1株当たりの利益金額}} + \dfrac{\text{自社の1株当たりの純資産価額}}{\text{類似業種の1株当たりの純資産価額}}}{3} \times \text{斟酌率} \times \frac{\text{1株当たりの資本金等の額}}{50\text{円}}$$

（大会社：0.7　中会社：0.6　小会社：0.5）

### ②純資産価額方式の計算式

$$\frac{(\text{相続税評価による資産合計}-\text{相続税評価による負債合計})-\text{評価差額に対する法人税等相当額}}{\text{発行済株式総数}}$$

### ③配当還元方式

$$\frac{\dfrac{\text{直前2期平均配当額}}{\text{資本金等の額}÷50\text{円}}}{10\%} \times \frac{\text{1株当たりの資本金等の額}}{50\text{円}}$$

## 数量を抑える方法として、一般的によく採り上げられる選択肢を教えてください。

　経営者が保有している自社株式の数量を減らすことにより、後継者への移動数量を抑えることが可能になりますが、数量面についてはただ単に減らせばよいというわけではありません。負担を抑えて移動が可能であり、安定的な経営権が引き続き確保できるとともに、将来的に株式が分散せずに長期にわたって安定的に保有してもらえる先に移動する必要があります。そのため、移動先の選択肢は自ずと限られてきます。可能性があるものとして一般的によく採り上げられるのは、従業員持株会、財団法人、自己株式、といったところになるでしょう。Q3-6でみたように、遠い親族に渡すのは将来の分散リスクのことを考えると避けたほうが無難です。以下でそれぞれの選択肢をみていきましょう。

### ❶ 従業員持株会

　まず、従業員持株会に経営者や経営者一族の保有株の一部を譲渡するのは、よくみられる対策です。移動価額について税務上の配当還元方式を用いることが可能なため従業員側の負担も抑えられること、移動後は安定株主として機能することが期待されること等から比較的現実味のある移動先といえますが、従業員数が少ない、職人気質の従業員が多く株式を持たせるには適当ではない、希望者が集まらない等の理由により選択肢にならないケースも少なくありません。また、従業員が退職する際には受け皿を確保することが必要になりますので留意が必要です（212

頁参照）。なお、設立にあたっては、従業員側が趣旨を理解し納得した
うえで自ら払い込んでいることが必要です。形式的に作られただけで実
態が伴わない持株会は、税務上も否認されるリスクがあります。

## ❷ 財団法人

　次に、中堅企業クラスになり、社会貢献も考えているようなケースで
あれば、財団法人を設立して株式を寄付することも選択肢として考えら
れるでしょう。本来、個人が財団法人に対して株式を寄付した場合には、
寄付時の時価によって譲渡があったものとみなされ、譲渡益に対して所
得税が課税されますが、その寄付が一定の要件を満たすものとして国税
庁長官の承認を受けたときには、この所得税について非課税とする制度
が設けられており、実際にも活用されているケースがあるようです（措
法40）。ただし、この承認を受けるには非常に要件が厳しく、寄付した
株式は基本的には一族の支配から離れると考えておいたほうがよいで
しょう。また、財団法人の評議員・理事・監事の候補者として、親族や
自社の役員・使用人以外の者を継続的に探さなければならず、財団法人
の設立・運営には手間もかかり相応の収入も要するため、意思決定に際
してはそれらを十分に検討することが必要になります。

## ❸ 自己株式化

　自己株式化については、将来的に分散しない買い取り先としては数少
ない候補ですが、支配株主からの買い取りに必要な資金は膨らむことが
一般的です。また、自社以外に譲渡する場合に比べて、売却側の税負担
が重くなる可能性があります（235頁参照）。一方、自己株式化した後に
おいては、既存株主の議決権割合が高まること、結果的に既存株主が保

有する株式の株価が上昇するケースがあることには、留意が必要です。後継者へ移動を予定している株式については、自己株式化をする前に移動を済ませておくとよいでしょう。

## Q4-15 納税資金や買取資金を準備する際、現実的な選択肢としては、どのようなものが考えられるでしょうか？

**A**　• • • • • • • • • • • • • • • • • • • • • • • • • • • • • •

　実際に資金の確保が必要になる可能性があるのは、後継者と会社です。後継者は、株式を譲り受ける場合に移動コストの負担をしなければならず、移動方法に応じて、贈与税・相続税などの納税資金、買い取る場合の買取資金等が必要になります。一方、会社側としては、これらの移動コストを実質的に負担することになるケースも多く、そのための資金確保が必要になる場合があります。

### ❶ 後継者

　後継者が納税資金・買取資金を確保するには、まず自社や金融機関から借り入れるという選択肢があります。この際、もちろん要件や審査等はありますが、例えば、日本政策金融公庫では後継者個人へ融資する制度を設けているため、これを利用することも考えられます。一方、返済資金の確保については、その後の役員報酬の増額や、他の株主の了解が必要になりますが、譲り受けた株式に係る配当を増額するような設計にすることも考えられます。

　また、譲り受けた自社株式の一部を自社へ売却することにより資金化する方法もあります。このケースでは、相続後一定の要件を満たしてい

る場合には、税負担が軽減される特例が設けられています（265頁参照）。

　この他に、現経営者が預貯金等の金融資産を保有しているのであれば、それらを相続等により株式とあわせて引き継ぐことによって納税原資にする選択肢もあります。この場合には、現経営者へ支払う退職金を主な原資にすることも考えられ、退職金については、生前に支払って残しておいてもらう方法と死亡退職金として受け取る方法があります。

## ❷ 会 社

　上記の選択肢は株式承継に係るコストを実質的に会社が負担することになるものが多く、会社側としては事業資金とは別に余裕資金の確保が必要となるため、早くからの計画的な準備が大切といえるでしょう。

　なお、自社株式の一部を買い取る際に買取資金が不足している場合には、金融機関から融資を受けるケースがあります。また、経営者へ退職金を支払うケースにおいては、その原資の確保が必要になりますが、保険を活用して計画的に準備するケースが実際にも多くみられるところです。

**図表 4-23** 納税資金や買取資金の確保のための選択肢

| | 資金の確保が必要な場面 | 資金確保のための選択肢 |
|---|---|---|
| 後継者 | 納税資金、買取資金　等 | ・自社や金融機関からの借入<br>　※日本政策金融公庫による後継者<br>　　個人への融資<br>・自社株式を自社へ売却することに<br>　よる資金化<br>・現経営者から納税原資として金融<br>　資産も引き継ぐ　等 |
| 会　社 | 貸付や役員報酬の増額、<br>自社株式の買取資金、<br>退職金支払　等 | ・余裕資金の計画的な準備<br>・金融機関による自社株式取得資金<br>　の融資<br>・保険の活用による計画的な準備<br>　等 |

## Q4-16　遺言を作成する必要はありますか？　また、遺言にはどのような形式がありますか？

**A**・・・・・・・・・・・・・・・・・・・・・・・・・・・・・・・・・

### ❶ 遺言の作成は不可欠

　相続によって後継者へ株式や事業用資産を移すことを考えている場合には、事前に遺言を作成しておくことにより、後継者に株式や事業用資産が確実に移動するようにしておく必要があります。仮に遺言が作成されていない場合には、残された財産の行方は相続人間での協議に委ねられてしまいます。すると、必ずしも先代経営者が思っていた通りに後継者のもとへ株式等が移るとは限りません。そのため、後継者が安定した経営権を確保するためには、遺言の作成は不可欠ということができるでしょう。

### ❷ 自筆証書遺言と公正証書遺言

　遺言には主に自筆証書遺言と公正証書遺言があり、両者の主なメリット・デメリットは以下の通りです。このうち、自筆証書遺言については、令和2年7月より、自筆証書遺言書を法務局において保管する制度がスタートしています。遺言書の紛失・破棄・改ざん等の危険を防止することができ、家庭裁判所の検認手続も不要となる等、自筆証書遺言のデメ

リットの一部を補うものとなっています。申請時の手数料も安価であり（1通につき3,900円）、形式的なチェックも受けられますが、遺言の内容について相談することはできず、保管された遺言書の有効性を保証するものではありません。そのため、中小企業における株式の承継に際しては、より確実性の高い方法を選択するという観点からは、法的に無効になるおそれが少ない公正証書遺言を遺すことが望ましいものと考えられます。

**図表4-24** 自筆証書遺言と公正証書遺言の比較

| | 自筆証書遺言 | 公正証書遺言 |
|---|---|---|
| 作成方法 | ・遺言者が、全文、日付及び氏名をすべて自書し、押印して作成<br>・ただし、添付する財産目録については自書でなくてもよい | ・証人2名以上の立会いのもとで、遺言者が公証人に遺言内容を口述し、公証人が筆記して作成の上、遺言者・公証人・証人が署名押印する |
| メリット | ・費用がかからない<br>・遺言者が単独で作成できる | ・原本は公証役場にて保管されるため、紛失・隠匿・偽造のおそれがない<br>・形式不備等により無効になるおそれが少ない<br>・家庭裁判所による検認手続が不要 |
| デメリット | ・遺言の紛失・隠匿・改ざん・偽造のおそれがある<br>・文意不明、形式不備等により無効となるおそれがある<br>・家庭裁判所による検認手続が必要 | ・作成までに手間がかかる<br>・作成費用[注]がかかる<br>[注] 費用の目安として、1億円の遺産を配偶者と子ども2名に法定相続分により配分する場合には、約9万円の手数料が必要となる |

## ❸ 遺言代用信託

　この他に、遺言代用信託を用いれば、費用はかかりますが、より確実に後継者への株式の移転を行うことができます。

　具体的には、経営者（委託者）が生前に自社株式を対象に信託を設定し、信託契約において生前は自らを受益者とし、経営者が死亡したときに信託を終了し、信託財産である株式を後継者に交付する旨を定めます。経営者の生前においては、受託者は、議決権指図者である経営者の指図に基づき議決権を行使するとともに、配当金を受領した場合には受益者である経営者に交付します。経営者に相続が発生すると信託契約が終了し、信託財産である自社株式が信託契約で定められた後継者に交付されます。

　これによって、経営者の死亡時に後継者が確実に経営権を取得できるようになります。遺言者である経営者によって撤回ができる遺言と比べて、後継者の地位がより安定するといえるでしょう。また、遺言は執行完了まで時間がかかるため経営の空白期間が生じるおそれがありますが、信託を利用した場合には信託契約に基づいて後継者に速やかに株式を移せることから、経営上の空白期間が生じることがないというメリットもあります。

**図表 4-25**　遺言代用信託によるスキーム例

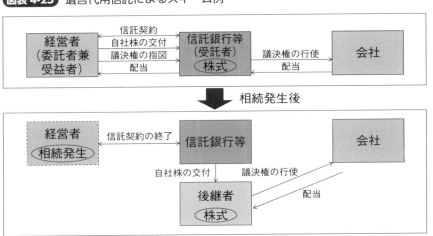

# 第6節 他の相続人への配慮

## Q4-17 後継者への株式移動を検討する際に、後継者以外の相続人に何か配慮をする必要はあるでしょうか？

A ・・・・・・・・・・・・・・・・・・・・・・・・・・・・・・・・・・・・・・・・・・・・・・・・

### ① 遺留分の存在

　民法においては遺族の生活の安定や財産分配の公平という観点から、一定の範囲の相続人に最低限の相続の権利を保障しており、これを「遺留分」といいます。そして、被相続人からの生前贈与や遺言などによって自らの取得分が遺留分より少なくなった場合には、過度に取得した相続人に対して、侵害された遺留分に相当する金銭の支払いを請求することができることとされています。遺留分は、原則として法定相続分の2分の1、直系尊属だけが法定相続人の場合に限り法定相続分の3分の1とされており、兄弟姉妹には認められていません。

　後継者への株式承継に際しては、生前贈与や遺言等により現経営者が保有していた株式の大半を後継者が集中的に承継することが想定されるため、特に自社株式が全財産に占める割合が大きいようなケースでは、後継者以外の相続人の遺留分を侵害する可能性が高くなるといわれています。

## ❷ 配慮の必要性

　実際に後継者以外の相続人の遺留分を侵害した場合、遺留分を侵害された相続人は、遺留分に関する権利の行使によって、後継者に対して遺留分の侵害額に相当する金銭の支払いを請求することができることになります。後継者が侵害額相当分の金銭を支払うことができれば問題はありませんが、そのような余裕資金を有していない場合には対応策を考えなければなりません。なお、金銭を直ちに準備できない場合には、裁判所に対して支払いを一定期間猶予してもらうよう求めることができることとされています。

　また、遺留分を算定する際の基礎財産額は、相続開始時を基準として評価されることになるため、例えば、後継者が株式の生前贈与を受けた後、相続発生時までの間に株式価値を向上させると、後継者以外の相続人の遺留分も増加してしまうことになります。これによって、侵害額相当分の金銭支払額がさらに大きくなるだけでなく、後継者が現経営者の生前に企業価値を向上させる意欲を阻害することになりかねないという問題点も指摘されています。

　以上からすると、後継者への株式承継の検討にあたっては、後継者が過度な金銭的負担を負うことなく、また、後継者の企業価値の向上への意欲が失われないようにするためにも、後継者以外の相続人に係る遺留分については、十分に配慮することが必要になるということができるでしょう。

## ❸ 具体例

　実際にどの程度の遺留分が生じるのか、具体例でみてみましょう。

**図表 4-26** 遺留分の具体例

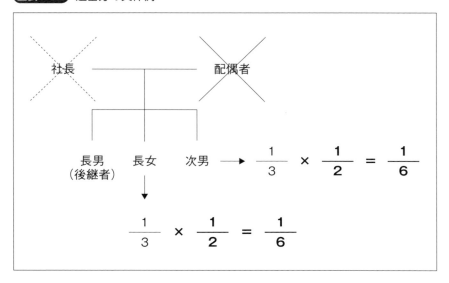

　この例は、社長の奥様がすでに亡くなっていて、子ども３人（長男・長女・次男）がいる場合です。社長は子ども３人のうち長男を後継者とすることをすでに決めており、自社の株式はすべて長男に渡るよう、公正証書遺言を作成しています。長女と次男は自社には入社しておらず、今後も自社の経営に携わる予定はありません。このケースにおいて、社長が亡くなって相続が発生した場合、長女と次男には遺留分の権利が認められます。遺留分は法定相続分の２分の１ですから、長女と次男は３分の１×２分の１＝６分の１がそれぞれの遺留分となります。

　仮に、相続財産の大半を自社の株式が占めており、長女や次男に財産がほとんど行き渡らなかった場合、長女や次男が不満を募らせ、遺留分の権利を行使する可能性があります。そうすると、長女と次男はそれぞれ相続財産の６分の１に相当する金銭の支払いを後継者である長男に請求することができます。長男にとっては、相続した財産は自社の株式が

大半であり、支払うための資金を持ち合わせていない場合には重い負担になってしまうことが想定されるのです。

 遺留分に関する権利の行使による金銭の負担や経営意欲の阻害といった問題を防ぐためには、どのような対策が考えられるのでしょうか？

遺留分に関する権利の行使による金銭の負担や経営意欲の阻害といった問題を防ぐために、例えば、以下のような対策が考えられます。

## ❶ 民法特例の利用

現行の民法において遺留分の事前放棄という制度がありますが、手続の煩雑さ等から事業承継の際にはあまり利用されていないようです。そのため、利用しやすい新たな仕組みとして、平成 20 年 10 月に施行された経営承継円滑化法において、民法の遺留分制度に関する特例が定められました。この特例では、一定の要件の下で、後継者に生前贈与した自社株式について、遺留分算定の基礎財産から除外することや、遺留分算定の基礎財産に算入する際の評価額を贈与時の価額に固定することができるとされており、先述した問題点への対応が可能なものとなっています。ただし、利用にあたっては推定相続人全員の書面による合意が必要とされており、他の相続人の協力が不可欠になります。

## ❷ 遺留分侵害額に相当する財産を与える

　遺言等により、後継者以外の相続人には遺留分侵害額に相当する財産を与えることができれば、トラブルを未然に防ぐことができます。後継者に継がせたい自社株式や事業用資産以外に、遺留分侵害額に相当する財産（預貯金、不動産、上場株式など）を所有している場合には、比較的現実味のある方法といえます。

## ❸ 早期に株式を贈与する

　民法上、遺留分の対象となる財産の範囲について、相続人に対する贈与は相続開始前10年間になされたものに限ることとされています。したがって、早期に自社株式を後継者に贈与して10年が経過すれば、その自社株式については遺留分の対象にはならないことになります。

　ただし、当事者双方が遺留分権利者に損害を加えることを知って贈与をしたときは、10年以上前に贈与したものについても対象になるため留意が必要です。弁護士等の専門家にも相談のうえで慎重に検討すべきものと考えられます。

## ❹ 売買による移動

　後継者が自社株式を買い取ることによって、そもそも遺留分の対象から自社株式を除くこともできます。遺留分の対象になるのは一定の生前贈与や遺贈による場合であり、生前に適切な価格による売買によって株式が後継者に移動していた場合には、遺留分の対象にはならないためです。もっとも、売買による移動は後継者が株式の評価額に相当する買取資金を用意しなければならず、後継者の資金負担が重い選択肢になります。

## ❺ 支払資金の確保

　遺留分に関する権利の行使によって請求されることが想定される金額について、もちろん、後継者が資金を確保することにより対応することも可能です。資金の確保については、**Q4-15**で挙げた方法の他、遺産分割の対象とならない死亡保険金の受取人を後継者とする生命保険に加入し、後継者がその死亡保険金を原資とする方法も考えられるところです。

## 事例 **4**

# 親族内承継～株式の移動方法の検討

## **1** D 社の課題

　D 社は現社長（70 歳）が今から約 40 年前に創業した。過去には苦しい時期もあったが最近の業績は堅調で、毎期安定した利益を計上し、純資産も 6 億円近くにまで積み上がっていた。後継者は自身の長女（39 歳）に決めており、現在は常務取締役に付いている。長女は 10 年ほど前に入社し、いわゆる後継者教育に関しては比較的時間をかけてきたつもりであったが、財産面の承継については多少の贈与をするのみで、ほとんど手をつけていなかった。今般、3 年後に社長を長女に交代する腹を固め、自身が保有する自社株式についても長女への移動を真剣に検討することとなった。

## **2** D 社の概要

業種：電子部品製造業

創業：1970 年代

資本金：20 百万円

売上高：約 25 億円

総資産：約 20 億円

純資産：約 6 億円

原則的評価額：約 11,000 円／株

純資産価額：約 29,000 円／株

**図表 4-27** D 社の株主構成

| 属　性 | 持株数 | 議決権比率 |
|---|---|---|
| 社長 | 18,140 | 90.6% |
| 社長妻 | 1,000 | 5.0% |
| 社長の長女 | 430 | 2.2% |
| 社長の次女 | 430 | 2.2% |
| 総合計 | 20,000 | 100.0% |

## **3** D社の対応

①後継者の経営権確保

　これまでは長女と次女に同じ株数を贈与してきたが、長女が安心して経営にあたることができるよう、熟慮の末、残りの株式についてはすべて長女に移動することとした。

②移動コストの試算

　顧問税理士からの勧めもあり、長女に全株式を移動する場合において、まずはどのような移動の選択肢があるのか、どの程度の移動コストがかかるのか、について試算してもらうこととした。相続税については、自社株式以外の資産を100百万円と仮定し、評価額の割合で株式相当分を**図表 4-28** に記載している。

**図表 4-28** 考えられる選択肢と移動コストの試算

| 移動の選択肢 | 移動コスト |
|:---:|:---|
| 贈　与 | 贈与税：約 103 百万円 |
| 相　続 | 相続税：約 38 百万円 |
| 売　買 | 買取資金：約 200 百万円 |

　試算の結果、どの選択肢についても、そのままでは負担することが難しい金額であることが判明した。そこで負担を和らげることができるような方策を検討することとした。

③負担軽減策の検討

　顧問税理士によると、3年後の社長交代後に株式を移動するという流れのなかで、社長退任時においては退職金の支払いにより赤字になるこ

とが見込まれるため、ちょうど株価が下がるタイミングになるとのことであった。仮に決算が赤字になった際の株価を試算すると約5,600円／株であり、現状に比べて大きく下がることがわかった。

その他の選択肢についても顧問税理士に検討してもらったが、含み損のある資産はなく、会社規模も小さいため組織再編もなじまない。金融商品を利用するにしても、当社の利益水準を大きく抑えるにはあまり現実的ではなかった。また、一族以外に株式を持たせない考えのため、持株会の組成の選択肢もなかった。事業承継税制も検討したが、納税が可能な金額になればわざわざ使うまでもないとの結論に至った。

検討の結果、社長退任後に株式をまとめて移動することを決め、移動方法としては、株価が一時的に下落したタイミングとなるため、相続時精算課税を使って移動することとした。移動時に納付する贈与税額は、仮に5,600円／株とすると約15百万円となる。そのため、3年後の移動に向けて、まずは長女が手元資金として確保できるように、役員報酬の増額や会社からの貸付を検討することになった。

また、最終的な相続税の金額は、仮に5,600円／株であれば株式相当分については約14百万円と試算され、移動時に納付した贈与税額で賄える範囲となった（当初の納付額が過大であれば差額は還付される）。

④遺言の作成、遺留分への対応

遺留分については、特に次女への配慮を重視した。次女は対象財産の8分の1の権利を有することとなる。遺留分の算定においては、自社株式については贈与時ではなく相続開始時の価額によるが、仮に現在の時価で試算すると遺留分相当額は約38百万円程度になる。これについては、自社株式以外の100百万円の資産のうち相当分に近い財産が次女の手に渡るよう意識しながら、今後、遺言を作成する予定である。

第**5**章

# 経営者の保有株の
# 円滑な承継
## 〜親族外承継〜

第**1**節　親族外への株式承継を検討する際の
基本的な考え方

## Q5-1　親族外への株式の承継を検討する際の基本的な考え方について教えてください。

**A** ●●●●●●●●●●●●●●●●●●●●●●●●●●●●●●●●●●●●●●

　Q4-1に記載の通り、親族外への株式の承継を考えるにあたっても、後継者が安定した経営権を確保できるように、経営者が保有している株式を後継者へ移動するための方法を考えていくことになります。そのため、親族内承継と大きな方向性は変わりませんが、移動を検討する際には親族外承継ならではの留意点があります。親族外への株式の承継を検討する際の主な留意点としては以下の4点が挙げられます。

### ❶ 株式の買取資金の負担を考慮した移動方法の検討

　親族内の承継であれば贈与や相続によって株式を引き継ぐことも可能ですが、親族外への承継の場合には買い取りが中心になることから、移動方法を検討する際にはその買取資金をどのように工面するかが、まずは大きなポイントとなります。また、考えられる移動方法のなかには自社が実質的に買取資金を負担しているケースもあるため、検討にあたっては自社が健全な財務体質を維持できるかという視点もあわせて必要になることがあります。

## ❷ 後継の経営陣による安定した経営権の確保

　考えられる移動方法のうち、複数の役職員（役員と従業員を総称して役職員と記載しています）が手分けして株式を引き受けるようなケースでは、後継となる経営者が単独で保有する株式の比率はどうしても低くなりがちです。また、役職員が中心となって株式を引き受けた場合には、役職員は中長期的には退任・退職により入れ替わっていくことから、株主構成が不安定になり経営の安定性に影響することも考えられます。したがって、このような状況下にあっても、後継の経営者もしくは経営陣が安定した経営権を確保し、安心して経営に集中できる環境を整えていく必要があります。

## ❸ 売却側の希望額

　上記の❶と❷は経営を引き継ぐ側の視点によるものですが、実際に移動方法を検討する際には、株式を売却することになる経営者側の視点も考慮する必要があります。この視点でポイントになるのは、売却側がどの程度の売却代金を希望しているかということです。例えば、経営者側が多額の売却代金を希望している場合には採り得る選択肢が限られますし、会社側の資金負担が過大になってスキームが成り立たなくなってしまう可能性もあります。一方で、他の手段で補える等の理由で希望額を抑えることができる場合には逆に選択の幅が広がるともいえます。そのため、株式を売却する経営者側の希望額によって移動方法の選択は大きな影響を受けるといっても過言ではないでしょう。

## ❹ さらなる次世代への承継の円滑化

　親族外承継においては、親族内承継に比べると後継者の就任時の年齢が比較的高めであるケースが多く、次の世代に引き継ぐまでの期間が短いという傾向があります。そのため、目の前の承継がスムーズにいくだけではなく、さらに次の世代への承継のことまで視野に入れて考える経営者の方も少なくありません。その際には、自社の株式について、できるだけ円滑に代々引き継いでいくことができる仕組みを整えるという視点も留意すべき大事なポイントとなります。

　親族外への株式の承継にあたっては、以上の4点を踏まえながら検討を進めていくこととなります。それぞれの詳細については Q5-2 〜 Q5-5 をご参照ください。なお、❸にも記載の通り、現経営者側が株式の売却額の最大化にこだわると、自社の資金負担が過大になり、結果として話がまとまらなくなってしまう可能性が出てきます。上記に加えて、現経営者側が自社の継続と発展を第一に考え、後継となる役職員や自社の負担とのバランスに配慮することが、親族外への株式の承継において話をまとめていく際の隠れたポイントになるともいえるでしょう。

**Q5-2** 親族外への株式の承継においては、どのような移動方法が考えられるのでしょうか？買取資金の負担や自社の財務への影響も踏まえながら教えてください。

**A**・・・・・・・・・・・・・・・・・・・・・・・・・・・・・・・・・・・・・・・・・・・・・・

**図表 5-1** 親族外への株式承継の選択肢

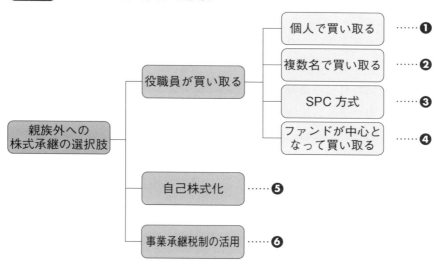

## ❶ 個人で買い取る

　まず、現経営者が保有している株式を親族外の後継者が個人ですべて

買い取る方法が考えられます。

　後継者が個人で現経営者の株式を直接買い取る場合には、買取資金の負担が大きくなります。1社の大半の株式を個人間で売買する場合の株価は、税務上は原則的評価方式による価額が目安となることが多く、購入総額が膨らむことが一般的であるためです。この買取資金を後継者個人が自社や金融機関から借り入れ、増額した役員報酬や配当などを原資に返済することも可能性としてはありますが、負担感が重く、実際に返済可能な金額には限度もあることから、親族外承継においてこの方式が採用されることは多くはないものと考えられます。

## ❷ 複数名で買い取る

　次に、現経営者が保有している株式を複数の役職員で買い取る方法をみてみましょう。先程は1人の後継者が個人で1社の大半の株式を買い取る方法でしたが、今度は役職員が手分けして買い取るイメージです。例えば、**図表 5-2** のように役員3名が14％ずつ、幹部社員3名が10％ずつ、中堅社員4名が7％ずつ買い取ったとしたらどうでしょう。

　複数名の役職員に株式が分散することになるため、オーナー一族による支配に比べると、後継の経営者もしくは経営陣の経営権はどうしても弱まります。一方で、親族も含めて議決権割合が30％以上の株主がいない会社においては、取得した株式の議決権割合が親族も含めて15％未満であれば、取得した株式の評価は通常は配当還元価額によるとされています。したがって、役職員が相互に親族関係にない場合には、例えば、**図表 5-2** のような割合で現経営者から各役職員が株式を買い取る際の株価は配当還元価額を目安にすることが可能になります。実際、配当還元価額という水準で一人ひとりが10％前後の株式を買い取るということであれば、後継の経営者もしくは経営陣の支配権は弱まりますが、

現経営者からの株式承継については現実味を帯びてくるケースもあるのではないでしょうか。

**図表5-2** 複数名の役職員による買い取り例

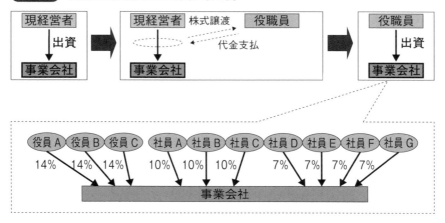

## ❸ SPC方式

❶と❷の方法は、後継者や後継となる役職員が個人で買取資金を用意して、現経営者から直接株式を買い取る手法でした。

これ以外に、買取資金を金融機関など外部から調達する方法もあります。一般的に、役員や従業員は現経営者から経営権を充分確保するだけの株式の買取資金を持ち合わせていないため、金融機関から融資を受け、それを元手に現経営者から株式を買い取るのです。経営陣による買い取りのケースはMBO（Management Buyout）、経営陣と従業員による買い取りのケースはMEBO（Management And Employee Buyout）といわれています。実際、最近では**図表5-3**のような方式で事業継続を希望する役員や従業員などの内部者の手によって事業承継型MBOが行われるケースが出てきています。

**図表 5-3** SPC 方式による買い取り例

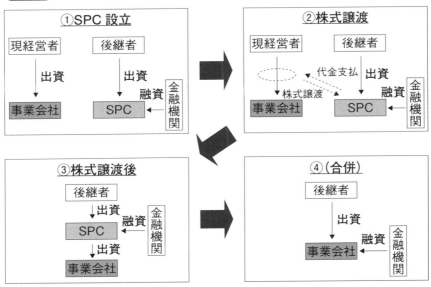

①後継者もしくは役職員が少額の出資により受け皿会社(以下、「SPC」
　という)を設立し、SPC が金融機関から買取資金の融資を受けます。
② SPC は融資された資金をもとに現経営者から株式を買い取ります。
③すると、買い取り後は、後継者もしくは役職員が少額を出資して設立
　した SPC が事業会社に出資するという形になり、後継者もしくは役
　職員は SPC を通じて事業会社の経営権を取得することができます。
④なお、SPC と事業会社は最終的には合併することもあります。

　この方式の最大のメリットは、後継者側の資力不足をカバーする、す
なわち「後継者側が少ない手許資金で会社の経営権を取得できる」とい
う点でしょう。
　SPC が買い取る価格については、一概にはいえませんが、実務上は、
第三者によって合理的に算定された時価をベースに、税務上の時価(法

人税法上の時価や所得税法上の時価）も考慮しつつ、協議によって決定していくことが多いようです。そのため、買い取り総額は膨らむことになるのが一般的ですが、現経営者にとっては非上場の自社株式を相応の水準で換金する機会とすることができます。

　また、SPCが借り入れた資金は事業会社からの配当を主な原資として返済するため、借入規模は事業会社の返済余力の範囲内になり、今後の事業運営に支障をきたさない水準に抑えられているか、十分な検討が必要になります。

　なお、このスキームは法務、会計、税務等の手続が複雑になるため、会社が独力で完結するのは難しく、通常は専門家のアドバイスを受けながら進めることになります。

## ❹ ファンドによる買い取り

　この他に、ファンドや金融機関が中心となって現経営者から株式を買い取るケースもあります。現経営者にとっては自社株式を高値で換金することができますが、ファンドが大半の株式を保有している間は経営監視を受けることになるのが通常です。また、ファンドは投下資本回収のために、数年内（3〜5年程度）に株式を売却することを当初から予定しており、その際の選択肢としては、株式上場や他社への売却（M&A）、自社で買い戻す等が考えられますが、株式上場や他社への売却を目指す場合には、キャピタルゲイン獲得のため、短期間に企業価値の向上を強いられることとなりますし、自社で買い戻す場合には、買取資金の確保が必要になってきます。そのため、短期間で企業価値の向上が見込めるか、数年後に買い戻しが可能な財務内容かといった点を考慮すると、実際に活用できる企業は限られてくるものと考えられます。

# ❺ 自己株式化

　ここまでは、現経営者が保有している株式をいかに後継者に移動するかという方法でしたが、これ以外に、現経営者が保有している株式の大半を会社が自己株式として買い取ってしまうという方法も考えられます。後継者にはあらかじめ少量の株式を譲渡しておくことで、自己株式化後は後継者が経営権を握ることが可能になります。

**図表 5-4** 大半の株式を自己株式化する例

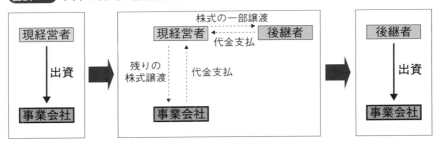

　自己株式化の際の株価については、実務上は税務上の時価（法人税法上の時価や所得税法上の時価）を1つの目安にしていることが多いようです。そのため、買い取り総額は膨らむことになるのが一般的です。先ほどのSPC方式と同様に、現経営者側にとっては非上場の自社株式を相応の水準で換金できる機会となりますが、SPC方式と異なるのは売却時の税金です。SPC方式の場合には売却益の約2割に課税されますが、自己株式化の際には売却益の大半がみなし配当として配当所得とされ、総合課税の対象となるケースが多いものと考えられます（参考：235頁）。譲渡金額によっては、税負担は非常に大きいものとなる可能性があります。

　また、会社が買い取るだけの資金を用意できることが、本スキームの

前提になります。加えて、会社法上、無制限に買い取ることができるわけではなく、自己株式の取得は分配可能額の範囲内とされています（236頁参照）。そして、取得した自己株式は純資産の部から控除した形で表示されるため、自己株式化後は自己資本が大きく毀損されることになる点にも留意が必要です。

手続面においては、会社法上、自社の株式を特定の株主から買い取る場合には株主総会の特別決議が必要になります。その際には、他の株主に売主追加請求権が生じるため（233頁参照）、他の株主の動向によっては、この方式を選択できないケースもあります。

実務上、自己株式化は他の選択肢に比べて税負担が重くなる可能性があることから敬遠されることも少なくありませんが、手続きのわかりやすさ・簡便さもあることから、以上の点を踏まえて実施可能な状況であれば活用されるケースもあるということができるでしょう。

## ❻ 事業承継税制の活用

最後に、Q4-5 ～ Q4-9で紹介した事業承継税制は親族外承継においても活用することができますが、親族内承継のケースと比べて、以下のような点に留意しておく必要があります。

まず、後継者が親族内の場合には、後継者の議決権比率が過半数に満たなくても、同族関係者で過半数を保有していれば要件を満たすことができたのですが、後継者が親族外の場合には、後継者が単独で過半数を保有する必要があります。

また、親族外の後継者へ事業承継税制を活用して株式を贈与した後、先代経営者に相続が発生すると、この後継者が猶予されていた贈与税は免除されますが、代わりに株式を相続したものとみなされ、この株式に

係る相続税を再び猶予していくことになります。そのため、この株式についても相続財産に含めて相続税が計算されることになります。結果として、相続人が実際に相続する財産だけで相続税を計算した場合に比べ、株式が相続財産に含められてしまうことにより適用される相続税率が高くなり、相続税額が大きくなってしまう可能性があります。加えて、相続税を申告する過程において、親族外の後継者に相続財産の内容が知られてしまいます。したがって、親族外の後継者に対して事業承継税制を活用して株式を承継する場合には、これらの点について先代経営者の相続人となる方々にも事前に理解を得ておくことが必要なものと考えられます。

さらに、株式という大きな財産が事実上無償で親族外の他人に渡ってしまうことになるため、先代経営者の相続人となる配偶者や子ども達が納得するかという問題もあります。ケースによっては遺留分の対象になる可能性もあるため、この意味でも相続人への配慮を欠かすことはできません。なお、Q4-18で紹介した民法特例は、親族外承継の際においても利用することが可能です。

以上に加えて、そもそも経営者ご自身が親族外の他人に無償で株式を譲り渡すことに納得できるかということもあります。実際に、親族外承継において事業承継税制を活用するには、このような心理的なハードルもあわせてクリアされていく必要があるといえるでしょう。

## ❼ 各選択肢を検討するにあたって

以上の選択肢は、事業承継税制を除いて、必ずしも1回のタイミングですべての株式を移動させなくてはならないわけではありません。時間をかけて徐々に移動することで後継者側の負担を和らげるケースもあるでしょうし、複数の選択肢を組み合わせることも可能です。また、創業

家がすべての株式を手放すのではなく、一部の株式を継続して保有することも実際にはあるでしょう。実務上は、先述した選択肢について、会社を取り巻く状況を踏まえ、中長期的な時間軸のなかで選択が可能かどうかを1つひとつ検討しながら現実解を見出していくことになるものと考えられます。

## Q5-3 親族外承継において、安定した経営権を確保し、株主構成を安定化させるには、どのようにすればよいでしょうか？

　親族外承継において複数の役職員が手分けして株式を引き受けた場合には、承継後の株主構成が不安定になることが否めません。それまでの経営者中心の株主構成ではなくなり、核となるような株主がいなくなってしまうためです。また、株主である役職員は退任・退職により中長期的には入れ替わっていくことになります。そのため、これらの点を意識したうえで会社運営をしていくことが大切になります。

　まず、複数の役職員が手分けして株式を引き受ける場合には、後継となる経営者が単独で保有する株式の比率が低くなってしまうのは致し方ないところです。この場合には、まずは経営者を含めた複数の役員（経営陣）で安定した経営権を確保できるか検討していくことになります。経営陣で全体の過半数や3分の2の議決権を確保することができるとやはり安定感が出てくるでしょう。しかし、なかには従業員が保有する議決権の割合が全体の3分の1を超えるようなケースもあります。一般的には従業員も安定株主として考えることができますが、このような場合には、同族経営のケースに比べてより従業員を意識した経営を進めてい

くことが必要になることもあるでしょう。その際には、従業員にとって納得感のある経営を心掛けることも大事になりますし、安定的な配当を継続するという姿勢も大切になるものと考えられます。

　また、役職員が個人で株式を保有してしまうと、退任・退職時に買い戻す際の価格で揉めたり、あるいは株式を保有したまま退任・退職してしまうおそれが出てきます。そこで、役員については役員持株会を、従業員については従業員持株会をそれぞれ組成することにより、退任・退職時にはあらかじめ決められた価格水準で必ず株式を置いていってもらうような仕組みにしておくと、退任・退職に伴うトラブルや分散を防止することができます。退任・退職者が生じた場合には現役の役職員のなかから受け皿を探す必要がありますが、その都度受け皿を用意することができれば、持株会が保有する株式についてはある程度安定化させることができるでしょう。

　その他に、核となる長期安定株主を導入して株主構成を安定化させるために、投資育成会社（Q3-3参照）に出資してもらう選択肢もあります。投資育成会社は中長期にわたり、経営陣を支える株主として経営の自主性を尊重しながら経営の後方支援を行います。そのため、従業員の保有割合が高い場合においても、後継社長単独もしくは経営陣と投資育成会社が保有する議決権を合わせて過半数や3分の2を確保するような株主構成にすることにより、後継社長もしくは経営陣は安心して経営にあたることができるようになります。役職員中心の株主構成に比べて、核となる長期安定株主の存在により、外部に安心感を与えることも期待できることでしょう。

# Q5-4 親族外承継における株式の移動方法の検討に際して、株式の売却側の視点から考えるべきことはありますか？

**A** • • • • • • • • • • • • • • • • • • • • • • • • • • • • • • • • • • • •

Q5-2においては、後継者への株式の移動方法を検討するにあたって、買取資金の負担や自社の財務への影響など引き継ぐ側の立場からいくつかの選択肢を採り上げました。一方で、実際に移動方法を選択する際には、株式を手放すことになる経営者側がどの程度の売却代金を希望しているかという点も大事なポイントになります。採り上げた選択肢のなかでも比較的現実味があると考えられる4つの選択肢（複数名で買い取る、SPC方式、自己株式化、事業承継税制の活用）について、売却側の手取り額のイメージをみてみると、以下のようになります。

株式の売却により、経営者側がそれなりの資金を得たいと考えているのであれば、SPC方式か自己株式化が候補になります。通常は換金の機会がない非上場会社の株式を高値で換金する場合には、外部から資金を調達するか、会社にある資金を活用するか、くらいしか選択肢がないともいえるでしょう。ただし、経営者側にとっては、両者は売却金額は同水準程度になるイメージですが、売却益部分に対する税金が大きく異なります。税金分を除いた手取り額を考えると、SPC方式が有利になることが多いでしょう。

一方、経営者側があまりお金を必要としていないのであれば、複数名で買い取る選択肢や事業承継税制の活用も視野に入ってきます。株式取得に係る後継者側の負担をできるだけ和らげてあげたいという考えからこれらの方法を選択する場合には、経営者側には在任中の役員報酬の増額や退職慰労金等で十分な財産形成ができるよう配慮することも考えら

れるところです。

**図表 5-5** 売り手側の手取り額のイメージ

| 選択肢 | 売却時の株価の目安 | 売却益に対する税負担のイメージ | 売却側の手取り額のイメージ |
|---|---|---|---|
| 複数名で買い取る | 配当還元方式 | 軽い | 少ない |
| SPC 方式 | 時価 | 軽い | 多い |
| 自己株式化 | 時価 | 重い | 多いが、税負担のため SPC 方式よりは少なくなる傾向 |
| 事業承継税制の活用 | — | — | なし |

**Q5-5** 親族外承継において、さらなる次世代への承継の際にも円滑に株式を承継できるようにしたいのですが、何かアイデアはあるでしょうか？

　親族外の後継者に承継した場合に気になるのは、さらなる次世代への引継ぎもスムーズにできるのだろうかという点です。役員や従業員を中心に承継したといっても、いずれは退任や退職の時期がやってきてしまいます。そのときにまた次の役員や従業員にスムーズに引き継ぐことが

できるようにしなければ1回きりのスキームになりかねません。特に、親族外承継では、親族内承継に比べて次の承継までの間隔が短い傾向があります。先述したSPC方式や自己株式化といった選択肢は自社から多額の資金が流出することになるため、承継の度にこの方式を繰り返すのはあまり現実的とはいえないでしょう。よって、親族外承継においてはさらなる次世代への円滑な移動の仕組みづくりを検討しておくことも大切な作業になります。

　この点については、Q5-2の❷で述べたように、複数名で買い取ることによって一人当たりの保有割合を抑えておくというのが1つのアイデアです。株式を分散して保有することになるため、社長もしくは経営陣の経営権は弱まりますが、一方で、一人当たりの保有割合が小さくなるため、次の役員や従業員が引き継ぐ際にも配当還元価額を目安に取得することが可能になるものと考えられます。このような形態をとることによって、さらなる次世代への引継ぎもスムーズに進めることができるようになります。

**Q5-6** Q5-5までは親族外の後継者を中心とした経営陣や従業員が株式を承継する方法が中心でした。一方で、親族外承継においては、経営は親族外の後継者に任せるが、株式については創業家が中心となって引き継いでいくという選択肢もあると思います。この場合の留意点を教えてください。

　経営は親族外の後継者に任せるが、株式に関しては創業家で引き継いでいくという場合に最も大事になるのは、実際に経営を担う経営者側と大株主である創業家が将来にわたって適度な距離を保ち続けることができるかということでしょう。例えば、大株主である創業家の意向が強くなれば経営者側にとっては経営の自由度が阻害される可能性が出てきてしまいます。特に、創業家において、中長期的には相続によって会社のことを知らない株主が増え、経営者側との間でトラブルが起きる可能性も否定できないでしょう。また、相続によって株式が分散し、創業家のなかで意見が割れて株主総会が混乱する可能性もゼロではありません。経営者側が安心して経営に集中するためには、創業家には将来にわたって経営への理解が求められますし、節度をもった対応をしてもらわなければなりません。一方で、経営者側としても、創業家と定期的に会って経営状況の報告や意見交換を行う場を設ける等、創業家とコミュニケーションをとって円滑な関係を維持する努力が必要になるものと考えられ

ます。

　また、このケースにおいては、株式の承継に関するコストは創業家で負担していかなければなりません。しかし、なかには贈与税や相続税を納税するための資金を確保することができずに、会社に一部買い取りの要請がくることも考えられます。さらに中長期的には創業家側の考え方が変わってしまい、株式をすべて手放したいので買い取ってほしいとの希望が寄せられることもあり得ます。したがって、所有と経営が分離するケースにおいては、経営者側としては創業家の動向には常に注意を払っておくことが大事です。

　なお、親族外の後継者がより経営をしやすい環境を整えるために、無議決権株式や属人的定め等を活用することにより、後継者の議決権割合を高める選択肢も考えられるところです。

事例 **5**

# 親族外承継〜 SPC 方式

## 1 E 社の課題

E 社は現相談役・現会長・現社長らが中心となって創業した会社であるが、創業メンバーが徐々に経営から退きつつあるなかで、創業メンバーの親族への承継や会社売却ではなく、役職員への経営承継を検討していた。しかし、大半の株式を創業メンバーが保有しており、次世代の役職員への移動が承継に際しての大きな課題となっていた。

## 2 E 社の概要

業種：ソフトウェア開発業

創業：1980 年代

資本金：35 百万円

売上高：約 35 億円

原則的評価額：26,000 円／株

純資産価額：56,000 円／株

小会社方式による株価：41,000 円／株

**図表 5-6** E 社の株主構成

| 属　性 | 持株数 | 議決権比率 |
|---|---|---|
| 相談役 | 4,700 | 31.4% |
| 会長 | 3,300 | 22.0% |
| 社長 | 3,000 | 20.0% |
| 役員A（次期社長） | 1,100 | 7.4% |
| 役員B | 900 | 6.0% |
| 役員C | 500 | 3.3% |
| 社員A | 500 | 3.3% |
| 社員B | 500 | 3.3% |
| 社員C | 500 | 3.3% |
| 総合計 | 15,000 | 100.0% |

## 3 E社の対応

　創業メンバーが株式売却により創業者利潤を得ることを希望していた
ことから、高値で売却が可能な SPC 方式を軸に検討を進めた。

　複数の金融機関より、必要資金の大半を外部借入で賄う提案を受ける
ものの、実行後の借入金の返済負担（借入総額：約6億円）がネックと
なり、実行には至らなかった。

　そのなかで、現株主である役職員が SPC への売却代金を元手に出資
するとともに、投資育成会社が資本参加することで外部借入を抑えるプ
ランに白羽の矢が立った（借入総額を約4億円にまで抑えることが可能）。
あわせて、投資育成会社の長期安定株主としての機能への評価や、後継
者の育成への期待もあり、本プランの実行に到った。

**図表 5-7**　スキーム図

〈MBO 実施前〉　　　　　〈SPC 設立、既存株主が SPC へ全株売却〉

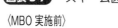

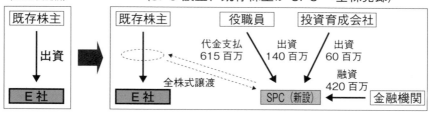

〈売却後の姿〉

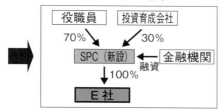

① SPC 設立（50,000 円／株）、借入（420 百万円）

**図表 5-8**　SPC の株主構成

| 属　性 | 持株数 | 議決権比率 | 出資金額（千円） |
|---|---|---|---|
| 役員 A | 880 | 22.0% | 44,000 |
| 役員 B | 600 | 15.0% | 30,000 |
| 役員 C | 330 | 8.25% | 16,500 |
| 社員 A | 330 | 8.25% | 16,500 |
| 社員 B | 330 | 8.25% | 16,500 |
| 社員 C | 330 | 8.25% | 16,500 |
| 投資育成会社 | 1,200 | 30.0% | 60,000 |
| 総合計 | 4,000 | 100.0% | 200,000 |

② E 社の株主が SPC へ E 社株式を売却（売却価額：41,000 円／株）

**図表 5-9**　E 社の株主構成の推移と株主ごとの売却金額

| 属　性 | 持株数 | 議決権比率 | 移動株数 | 手取り金額（千円） |
|---|---|---|---|---|
| 相談役 | 4,700 | 31.4% | △ 4,700 | 155,100 |
| 会長 | 3,300 | 22.0% | △ 3,300 | 108,900 |
| 社長 | 3,000 | 20.0% | △ 3,000 | 99,000 |
| 役員 A | 1,100 | 7.4% | △ 1,100 | 36,300 |
| 役員 B | 900 | 6.0% | △ 900 | 29,700 |
| 役員 C | 500 | 3.3% | △ 500 | 16,500 |
| 社員 A | 500 | 3.3% | △ 500 | 16,500 |
| 社員 B | 500 | 3.3% | △ 500 | 16,500 |
| 社員 C | 500 | 3.3% | △ 500 | 16,500 |
| SPC | ── | ── | 15,000 | ── |
| 総合計 | 15,000 | 100.0% | 0 | 495,000 |

これらの一連の手続によって、役職員が中心となって SPC を通じて E 社の全株式を取得することができた。

　次期社長である役員 A は 7,700 千円を自ら負担しているが、これは社長が身銭を切るのは当然との創業メンバーの考えによるものである。また、SPC の株主構成（**図表 5-8**）をみると、次期社長は投資育成会社と合わせると総議決権の過半数を、役員 3 名と投資育成会社を合わせると総議決権の 3 分の 2 を、それぞれ確保することができている。一般的に役職員中心で株式を引受けると株主構成は不安定になりがちであるが、投資育成会社が核となる長期安定株主となることにより、後継の経営者（経営陣）は安定した経営権を確保し、安心して経営に専念できる環境になった。

事例 **6**

# 親族外承継〜複数名の役職員で
# 引き継いだケース

## 1 F社の課題

　F社は創業後50年を超える精密機械器具メーカーである。2代目社長（69歳）には同族内に後継者候補がいないが、今後とも自主独立路線で社業発展に取り組む方針で、後継者には社内からの登用を考えていた。

　自らが保有する自社の株式についても、後継者を中心に譲渡したかったが、譲渡の際の資金負担がネックとなる。社長としては、株式の承継に伴う負担をできるだけ抑えつつ、後継者が安定した経営権を確保できるようにしたいと考えていた。

　また、将来的に役員・社員は退任・退職によって入れ替わっていくため、その際の株式の移動に際しても困らないようなやり方はないものかと悩んでいた。

## 2 F社の概要

業種：精密機械器具製造業
創業：1960年代
資本金：20百万円
売上高：約130億円

**図表 5-10** F社の株主構成

| 属　性 | 持株数 | 議決権比率 |
|---|---|---|
| 社長 | 302,400 | 75.6% |
| 社長弟 | 40,000 | 10.0% |
| 社長妻 | 25,600 | 6.4% |
| 取引先（4社） | 32,000 | 8.0% |
| 総合計 | 400,000 | 100.0% |

## **3** F社の対応

　現役員のなかに次期社長に据えたい人物はいるものの、現社長が保有している株式を個人で買い取るだけの資力はなかった。そこで、次期社長の支配権はどうしても弱まってしまうが、次善の策として、複数の役員・従業員に手分けして買い取ってもらうこととした。次期社長候補を含めて役員5名のほか、部長・課長クラスを中心に十数名の幹部従業員に打診して大筋で了解を取り付け、現社長と現社長の親族が保有する株式のうち、まずは30万株程度について譲渡を進めることとした。

　役員については次期社長を含めた役員3名が40,000株ずつ、残りの役員2名が30,000株ずつ引き受け、従業員については1人当たり5,000株から10,000株の範囲で総計120,000株を引き受けることとなった。1人当たりの保有比率が10%以下であったため、実際の譲渡の際には配当還元価額（50円／株）をベースとした価額で、役職員が株式を引き受けた。引き受けの際には、将来的な分散や退任・退職時のトラブルを防止するため、役員持株会・従業員持株会をそれぞれ組成した。

　一連の手続の結果、F社では役職員を中心とした株主構成へ移行することができた。現社長の保有株がまだ2割弱残っているが、創業家で引き継いでいくのか、役職員に今後すべて移動するのかはまだ決まっていない。しかし、役員・従業員で7割強の議決権を保有することとなり、1人当たりの保有比率は低いものの、従業員も安定株主と考えれば、後継となる経営陣は、まずは安定した経営権を確保した状況となった。

　なお、今後、持株会の構成員である役員・社員が退任・退職する場合には、1人当たりの保有比率が大きくないため、受け皿となる次の役員・社員は配当還元価額をベースとした価額で株式を取得することができ、次世代への株式移動に際しても、移動に伴う負担を抑えることが可能となった。

**図表 5-11** F 社の株主構成の推移

■対応前

| 属　性 | 持株数 | 議決権比率 |
|---|---|---|
| 社長 | 302,400 | 75.6% |
| 社長弟 | 40,000 | 10.0% |
| 社長妻 | 25,600 | 6.4% |
| 取引先（4 社） | 32,000 | 8.0% |
| 総合計 | 400,000 | 100.0% |

■対応後

| 属　性 | 移動株数 | 持株数 | 議決権比率 |
|---|---|---|---|
| 社長 | △234,400 | 68,000 | 17.0% |
| 社長弟 | △40,000 | 0 | 0.0% |
| 社長妻 | △25,600 | 0 | 0.0% |
| 取引先（4 社） | — | 32,000 | 8.0% |
| 役員持株会(5名) | 180,000 | 180,000 | 45.0% |
| 従業員持株会(18名) | 120,000 | 120,000 | 30.0% |
| 総合計 | 0 | 400,000 | 100.0% |

第**6**章

# 株式の分散防止と集約化

**Q6-1** 第2章において、株式に関する課題を検討する際に「中長期的に必要な視点」として「株式の分散防止や集約化」が挙げられていますが、「株式の分散防止や集約化」について、まずは基本的な考え方や選択肢の全体像を教えてください。

**A**

### ❶ 基本的な考え方

　中小企業において分散防止や集約化のために考えられる選択肢は限られており、特効薬のようなものがあるわけではありません。そして、それらの選択肢は株主との合意が必要なケースが大半で、なかには当事者以外の株主の意向の確認が必要な場合もあります。また、仮に合意が不要でも、理解を得たほうが望ましいケースが多いといえます。第2章で指摘した通り、個人株主という相手が存在するため、会社側の意向だけでは話を進めることができないのです。一方で、会社側においては資金が用意でき、かつ、長期安定的に保有可能な受け皿を探す必要があります。

　そのため、基本的には解決に時間を要する課題で、早めの取り組みが大切といえるでしょう。時間の経過とともに個人株主がどのように変化していくのかを見極めながら、自社の将来の望ましい株主構成を考え、必要な対策を検討していきます。大切なことは、経営者ご自身が保有し

ている株式の承継だけではないのです。

　なお、個人株主の分散防止や集約化を考える際にも、第2章でみた通り、経営者が安定した経営権を確保できていることが大前提になります。経営者が将来にわたって安定した経営権を確保できるか、そして経営者が安心して経営に集中することができるか、という視点を常に持ちながら検討していかなければなりません。

## ❷ 選択肢の全体像

　選択肢の全体像は**図表 6-1** の通りです。

　個人株主は社員株主であれば、時間の経過とともに「社員株主→社外個人株主→相続発生→社外個人株主（相続人）」と移り変わっていきます。また、社外の個人株主であれば、「社外個人株主→相続発生→社外個人株主（相続人）」という移り変わりになります。この流れが図の一番左側になります。

　そして、社員株主・社外個人株主・相続発生時それぞれの段階において、分散防止や集約化のために考えられる選択肢が右側に記載されています。社員株主であれば、持株会の設立や取得条項付株式の活用が考えられます。社外の個人株主であれば、買い取り、経営への影響力低下、キャッシュアウトといった選択肢があります。さらに相続が発生した際には、会社が買い取る方法として2通りがあります。そして、相続発生時に買い取らなければ、相続人は社外の個人株主ですから、この図においてまた社外個人株主の位置に戻ることになり、社外個人株主の選択肢を検討することになります。

　また、法人株主からの買い取りについては、社外の個人株主からの買い取りの場合と特に変わりません。現経営者・後継者、持株会、自社、法人といったような限られた選択肢の中から可能性のあるものを検討し

ていくことになります。

　なお、名義株や所在不明株主については、別個に整理のポイントや方法を考えることにします。

　それぞれの選択肢についての詳細は、次節以降をご参照ください。

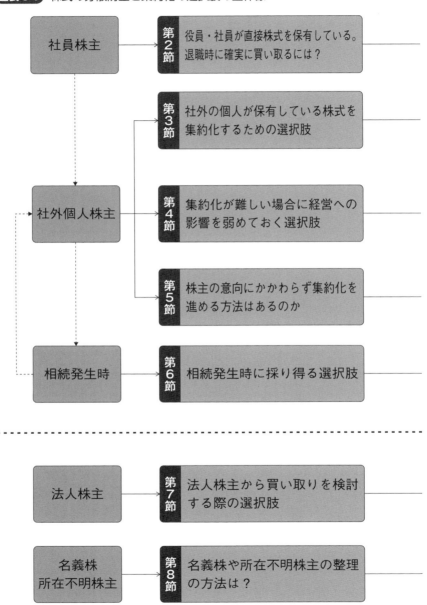

**図表 6-1** 株式の分散防止と集約化の選択肢の全体像

| | |
|---|---|
| 社員株主 | 第2節 役員・社員が直接株式を保有している。退職時に確実に買い取るには？ |
| | 第3節 社外の個人が保有している株式を集約化するための選択肢 |
| 社外個人株主 | 第4節 集約化が難しい場合に経営への影響を弱めておく選択肢 |
| | 第5節 株主の意向にかかわらず集約化を進める方法はあるのか |
| 相続発生時 | 第6節 相続発生時に採り得る選択肢 |
| 法人株主 | 第7節 法人株主から買い取りを検討する際の選択肢 |
| 名義株 所在不明株主 | 第8節 名義株や所在不明株主の整理の方法は？ |

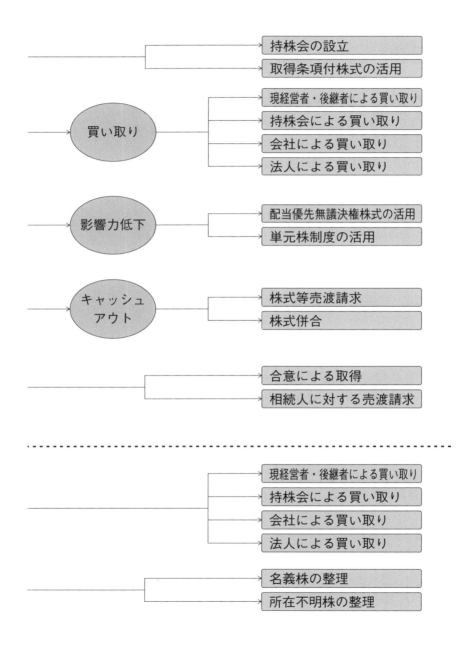

# 役員・社員が直接株式を保有している。退職時に確実に買い取るには

**Q6-2** 役員・社員が直接株式を保有している場合、退職時に確実に買い取るには、どのような方法が考えられるでしょうか？

**A**・・・・・・・・・・・・・・・・・・・・・・・・・・・・・・・・・・・・・・・・・・・・・・・・

　役員・社員が株式を保有しているケースは中小企業でもよく見かけますが、第1章でみた通り、役員・社員はいずれは退任・退職の時期がやってきます。会社と関係がなくなってしまう退任・退職後も株式を保有したままにしておくと、トラブルや分散の可能性が出てきてしまいます。そのため、役員・社員が保有している株式については、退任・退職時に確実に回収しておきたいところです。

　役員・社員が直接株式を保有している場合、退職時に確実に買い取るためには、2つの方法が考えられます。1つは持株会を組成し、持株会を通じて保有してもらう方法、もう1つは役員・社員が直接保有するのですが、保有する株式の種類を普通株式ではなく取得条項付株式に変える方法です。

**図表 6-2** 退任・退職時に確実に買い取る方法

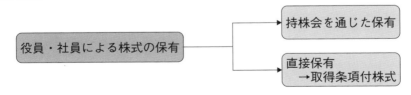

# ① 持株会の設立

　持株会とは、役員や社員が自社の株式を取得するための組織で、一般的には民法上の組合として設立され、会員は持株会が所有する株式について出資割合に応じた持分を共有するものです。役員・社員に株式を保有してもらう場合には、この持株会を通じて株式を保有する形態にすることにより、退任・退職時に持ち分をあらかじめ決められた価格で確実に払い戻すことが可能になります。

　もっとも、ただ単に設立すればよいというわけではありません。あらかじめ、持株会の規約に以下のような条項を盛り込んでおくことが必要になります。

〈規約例〉

> （入会および退会）
> 第××条　会員が従業員でなくなった場合（死亡時を含む）には、自動的に退会するものとする。
> （退会時の持分返還）
> 第××条　会員が退会したときは、当該会員の持分を、配当還元方式による価額を参酌して理事会で決定した価額により、現金にて払い戻しを受ける。

　これにより、退任・退職時に自動的に退会となり、現金で払い戻しを行うことが可能になります。また、払い戻し時の株価は、「税務上の配当還元価額」など低い水準で固定することが一般的です（「取得価額」で固定しているケースもあります）。そのため、退任・退職時に払い戻し価格で揉めることがなく、受け皿となる会員の資金負担も膨らむことがありません。

なお、このような規定を無効と主張されるケースもあるようですが、過去の裁判例では、一般的に買い取りの合意の有効性を認めています。ただし、従業員自らの意思で持株会の趣旨や規約を了解したうえで入会していること、配当によって株主への利益還元が行われていたこと等が理由として挙げられているため、トラブルを未然に防止するためには、事前の了解や一定の配当を継続する等の配慮は必要でしょう。

　持株会に関する主な手続や留意点については、**Q6-3** ～ **Q6-4** をご参照ください。

## ❷ 取得条項付株式の活用

　取得条項付株式とは、あらかじめ定めた事由が生じた場合に、株主の同意なしに会社が取得することができる株式をいいます（会108 ①六）。

　例えば、役員・社員が保有する株式について、取得事由を「取締役または使用人でなくなった場合」とした取得条項付株式にしておくことにより、退任・退職時に強制的に会社が取得することが可能になります。そのため、役員・社員が株式を直接保有している場合においても、退任・退職時の分散を確実に防止することができます。また、取得時の価格についてもあらかじめ金額や算定方法等を定めておくため、価格面で揉めることもありません。

　持株会設立のケースと比べると、持株会の運営の手間や受け皿を探す手間が省けるメリットがありますが、その一方で、導入時において、普通株式を取得条項付株式に転換する場合には、全株主の同意を得ることが必要になるなど、手続面でのハードルがあります。詳しくは、**Q6-5** をご参照ください。

# Q6-3 持株会の設計に際しては、どのような点に留意すればよいでしょうか？

持株会の設計に際しては、以下のような点について留意しながら検討を進めるとよいでしょう。

## ❶ 退任・退職時の扱いを規約で定める

Q6-2でみたように、持株会の設立によって、将来的に株式が分散することを防止するとともに、退任・退職時のトラブル防止に役立てるには、退任・退職時の扱いについて規約で定めておくことが必要です。あらかじめ規約で定めておかなければ、そのような効果も得られません。

## ❷ 持株会の議決権の保有比率

第3章でみた通り、一般的には非同族の役員・社員は安定株主となり、経営者の意向に沿って議決権の行使をしてくれる存在となるでしょう。しかし、万が一のことを考えると、株主総会での特別決議を拒否できる3分の1超を持たせてしまうのは不安が残るところです。安定的な経営権の確保の観点からは、3分の1以下に抑えておくことが望ましいといえるでしょう。なお、持株会が保有する株式については、議決権を無くす代わりに、配当支払いに優先権を与える「配当優先無議決権株式」にするケースもあります。

## ❸ 持株会の限界を認識しておく

　持株会には限界もあります。持株会に入っていた役員・社員が退職すれば、その受け皿を探さなくてはなりません。既会員に追加拠出を募る、新たに拠出可能な入会者を探す、等の対応が必要になります。従業員の構成は、中長期的には大きく変動する可能性もあり、なかには退会者の受け皿を確保することができずに、持株会の運営が行き詰るケースもあります。

　また、民法上の組合として設立された持株会は、会員全員の同意があれば解散することができると解されています。解散が決まってしまうと、会社側が拒否することはできません。仮に解散すると、株式は現物のまま会員に分配されることになり、一気に株式が分散してしまう可能性があります。例えば、業績が低迷し労使関係が極度に悪化したような場合等、例外的なケースになると考えられますが、このようなリスクもある点には、あわせて留意しておくとよいでしょう。

## ❹ 配当金の支払い

　上場会社や上場準備会社の持株会においては、配当金は再投資に回されますが、中小企業の持株会では会員のメリットが薄れてしまうことや追加取得の機会が極めて限られる等の理由により、配当金はその都度、会員に支払われるような設計にすることが一般的です。

## ❺ 非同族の役員が株式を保有している場合

　役員については、従業員持株会とは別個に役員持株会を設立することが一般的です。また、役員のうち同族関係者は、税務上の株式の取得価

格が異なるため、直接保有してもらうことになります。

## ❻ すでに役員・社員が株式を保有している場合

役員・社員がすでに株式を保有している場合においても、その株式を持株会に組み入れることが可能です。したがって、新たに株式を保有してもらうケースのみならず、すでに保有しているケースにおいても、持株会を通じて保有する形態に移行することができます。

## Q6-4 持株会の設立・運営時の主な手続の流れについて教えてください。

### A ● ● ● ● ● ● ● ● ● ● ● ● ● ● ● ● ● ● ● ● ● ● ● ● ● ●

持株会の発足・設立・運営のそれぞれの段階について、主な手続の流れを示すと以下の❶〜❸の通りになります。なお、上場会社や上場準備会社において持株会を設立・運営する際には、信託銀行などの外部機関にこれらの事務手続を任せるのが一般的ですが、中小企業においては、設立時には外部の専門家からアドバイスを受けるケースもあるものの、その後の運営は自社で行っているケースが大半です。

# ❶ 発足時の主な手続

**事務局の設置**
設立の準備から会員の募集までのすべての事務処理を行う事務局を社内（通常は総務部内）に設置します。

**発起人の選任**
発起人は、通常、従業員持株会設立後の役員（理事長、理事、監事）となり、持株会の運営にあたることになるため、その選任は慎重に行う必要があります。特に理事長は、株主総会での議決権行使、持株会加入者と会社との調整役等も担うため、従業員の中でも信頼性があり、責任感が強い人が望まれます。

**規約(案)の作成**
発起人は従業員持株会規約（案）を作成します。会員と従業員持株会の権利義務関係は、この規約に沿って処理されるため、加入希望者の従業員には十分に説明のうえ、了承を得てから入会してもらいます。

→　規約例 217 頁～ 220 頁

**入会説明書の作成**
入会説明書は、社長・理事長挨拶、趣旨説明、制度の概要・利点、税制、入会手続等について記載します。

## ❷ 設立時の主な手続

**発起人会兼設立総会の開催**
設立発起人会兼設立総会を開催し、規約を可決承認するとともに、役員（理事・監事）を選任します。役員には発起人がそのまま就任するのが一般的です。議題・議決内容を明らかにするため、「発起人会兼設立総会議事録」を作成し、発起人は記名・捺印します。

**理事会の開催**
承認された規約に従って、第1回理事会を開催します。この理事会では、理事長の選任や株式の購入価格等を決定します。決定事項については、「理事会議事録」を作成し、各理事が記名・捺印します。

**理事長印の作成預金口座の開設**
預金口座の開設や契約締結のために理事長印を作成します。また、持株会は法人格を有しないため、理事長個人名で預金口座を開設します。

**会員募集**
社内説明会、社内報などで会員の募集を行います。

**入会希望者の入会手続**
新会員に対し、規約について十分に説明し、承認を得たうえで、理事長宛て入会届書の提出を受けます。現物組み入れ以外のケースにおいては、入会者は持株会の口座へ入金します。

**株式の購入**
持株会が株式の売買契約を締結し、株式を購入します。

## ❸ 運営時の主な手続

**持分の管理**
入会後の各会員の持分は、会員別持分明細簿を作成し管理します。

**理事長・監事の役割**
理事長は従業員持株会を代表して株主総会へ出席し、議決権を行使する他、従業員持株会の運営、持分の管理を行います。また、監事は従業員持株会の会計を監査し、その結果を会員総会に報告します。

**会員総会の開催**
理事長は、株主総会への出席に先立って会員総会を招集・開催し、株主総会招集通知の内容について会員に周知させなければなりません。

**株主総会での議決権の行使**
株主総会には理事長1名が出席し、議決権を行使します。

**配当金の支払い**
配当金は、形式上、理事長名義で受け取ることになりますが、実務上は各会員の口座へ直接振り込んでいることが多いようです。法定調書は持株会宛てに1通のみ作成し、各会員には配当金支払通知書を交付します。

参考 | 持株会の規約例

○○○○従業員持株会規約

（名称、性格）
第1条
　(1)　この会は、○○○○従業員持株会（以下「本会」という）と称する。
　(2)　本会は、民法第667条第1項に基づく組合とする。
（目的）
第2条　本会は、会員が株式会社○○○○（以下「会社」という）の株式を
　取得することを容易にし、財産形成の一助とすることを目的とする。
（会員の資格）
第3条　本会の会員は、株式会社○○○○の従業員であって、勤続年数○○
　年以上の者に限る。
（入会）
第4条
　(1)　前条の条件を満たす者は、持株会の持分募集時に応募し、本会に入会
　　することができる。
　(2)　本会への入会に際しては、本規約を承認のうえ、理事長宛て入会届を
　　提出する。
（退会）
第5条
　(1)　会員は、理事長に申し出ることで、いつでも退会することができる。
　　但し、一旦退会した者は、原則として再加入することはできない。
　(2)　会員が会社の従業員としての身分を喪失したとき（死亡時を含む）に
　　は自動的に退会するものとする。
（所在地）
第6条
　(1)　本会は、主たる事務所を株式会社○○○○本社内に置く。
　(2)　本会の事務を処理するため、会社総務部内に事務局を設置する。
（事業年度）
第7条　本会の事業年度は毎年○○月1日から○○月31日までとする。
（役員）
第8条

(1) 本会の運営を円滑に行うため、役員として理事長1名、理事2名、監事1名を置く。

(2) 役員は、会員総会において会員総数の過半数をもって選任する。理事長は、理事の互選により選任する。

(3) 理事長は会を代表し、理事長に事故ある時は理事会であらかじめ定められた順序に従い、他の理事がこれに代わるものとする。

(4) 監事は、本会の会計を監査し、その結果を会員総会に報告するものとする。

(5) 各役員の任期は2年とする。但し、再任を妨げない。

（理事会）

第9条

(1) 理事は、理事会を構成し、本会の運営にあたる。

(2) 理事会は、必要に応じて理事長が招集する。

(3) 理事会は、次の事項を決定する。

① 本規約の規定により、理事会が決定すべき事項

② 本規約の解釈に関する事項

③ 本会の管理・運営に関する事項

④ その他必要と認められる事項

(4) 理事会は過半数の理事の出席によって成立し、その決議は、出席理事の過半数の賛成をもって行う。

（会員総会）

第10条

(1) 本会は、定時会員総会を毎年〇〇月に開催する。但し、必要に応じて臨時総会を開催することができる。

(2) 会員総会は、理事長がこれを招集する。

(3) 会員総会の決議は、出席会員の過半数をもって行う。

(4) 会員総会の付議事項は次の通りとする。

① 役員の選任

② 規約の改定

③ その他理事会が必要と認める事項

（株式の購入）

第11条

(1) 本会は会社の株式の供給がある都度、会員に持分の募集を行い、会員は応募株数に応じて株式を取得する。なお、本会の募集株数と会員の応

募株数に差異が生じた場合の取扱いは、その都度理事会で決定する。

⑵　会員は、応募または割当株数に応じて払込金相当額の拠出金を本会への出資として拠出する。

⑶　前項により、指定日までに申し込みをしない会員があった場合の取扱いは、その都度理事会で決定する。

（持分の計算）

第12条　本会に帰属する共有株式については、購入の都度各会員の拠出金に応じた株式数をその会員の持分として会員別持分明細簿に登録する。

（理事長への信託）

第13条　会員は、持分明細簿に登録された持分株式を、管理の目的をもって理事長に信託し、理事長はこれを受託する。なお、株式の名義は理事長名義とする。

（配当金）

第14条　会員の共有株式につき配当金が支払われた場合は、各会員に対しその持分に応じて現金を交付する。

（議決権の行使）

第15条　会社の株主総会における議決権の行使は理事長がこれにあたる。但し、各会員は自己の持分に相当する議決権を個別に行使できるよう、理事長に指示できる。

（権利の譲渡、質入）

第16条　会員の登録された持分に関する権利は、他に譲渡または質入することはできない。

（残高証明）

第17条

⑴　会員に対する残高証明書の発行は年1回行うものとする。

⑵　会員は必要な場合にはいつでも、自己の持分残高につき照会することができる。

（持分の譲渡制限）

第18条　会員は、本会を退会する時は、自己が所有する持分のすべてを本会へ譲渡しなければならない。

（譲渡価格）

第19条　退会者は、退会の届け出を行った日における持分残高の全株式を配当還元方式による価格を参酌して理事会が決定した価格で本会へ譲渡するものとする。

附則

1. 本規約は、　　　　年　　月　　日より実施する。
2. 本規約の改定は、会員総会において出席会員の3分の2以上の賛成を要する。
3. 本会の公告は、原則として社内通知もしくはこれに順ずる手段によって行う。

## Q6-5 取得条項付株式を発行する際の主な手続や留意点について教えてください。

**A**

### 1 主な手続

すでに発行している普通株式の一部を取得条項付株式に変えるには、まず定款を変更し、取得条項付株式が発行できるよう、発行可能な総数やその内容を定めておきます（会108②六）。この定款の変更に際しては、株主総会の特別決議が必要になります（会466、309②）。また、定款の変更後、株式の内容が変更される株主、変更されない株主全員から同意を得ることが必要と解されています。そして、効力発生日から2週間以内に、本店の所在地において発行可能種類株式総数、種類株式の内容等の登記をしなければなりません。

なお、新たに取得条項付株式を発行して役員・社員が保有する場合には、定款変更及び割り当てに関して株主総会の特別決議のみで実施できます。

**図表6-3** 既存の普通株式を取得条項付株式に転換する際の主な手続

| 株主総会の特別決議 | 全株主の同意 | 登記 |
|---|---|---|
| 定款変更<br>・取得条項付株式の発行可能株式総数<br>・一定の事由が生じた日に会社がその株式を取得する旨とその事由<br>・取得の対価として交付する財産の内容及び数もしくは額またはこれらの算定方法 | 株式の内容が変更される株主、当該株主以外の株主全員から同意書を入手 | 発行可能種類株式総数、種類株式の内容等の登記 |

〈定款例〉

第××条　当会社の発行可能種類株式総数は、普通株式××株、Ａ種種類株式××株とする。
　　２　当会社は、Ａ種種類株主が当会社の取締役または使用人でなくなった場合、会社法第461条に定める限度額を限度として、次に定める取得の条件でＡ種種類株主からＡ種種類株式を取得することができる。

取得と引き換えにＡ種種類株主に交付する金銭の額
　Ａ種種類株式１株につき、××円とする。

## ② 主な留意点

・すでに発行している普通株式を取得条項付株式に変更するには、全株主の同意が必要と解されています。株式の内容が変更される株主はもちろん、変更されない株主からも一部の株式の内容が変更されること

についての同意が必要です。仮に連絡がとれない株主がいるような場合には、この点がクリアできないことになります。

・退任・退職時には、会社が自己株式として買い取ることになります。したがって、持株会のケースと異なり、会社が買取資金を確保しておくことが必要になります。また、買い取り時には財源規制（会170⑤、236頁参照）があります。

・買取価格または算定方法をあらかじめ設定しておくため、買い取り時に価格面でのトラブルが生じる余地はありませんが、あらかじめ設定された買取価格と買い取り時の実際の時価との乖離が生じる可能性があり、その場合においては税務上のリスクが拭いきれない面があります。導入の際には、専門家と相談のうえ、慎重な検討が必要なものと考えられます。

# 社員株主が保有している株式を
# 持株会に組み入れる

## **1** G社の課題

　G社は現社長が約30年前に創業した電子機器メーカーである。G社の社長は10年ほど前から経営にも関心をもってほしいという思いから社員に株式を持たせてきたが、最近になって株式を持った社員のなかから定年退職を迎える者が出てきた。株式を持たせる際には、退職時に当初の取得価額（1,000円／株）で買い取る旨を伝えているため、これまでは当該価額で会社が買い取っているが、一度だけ買取価格で揉めたことがあった（純資産価額で買い取ってほしいというものであったが、当時の純資産価額は12,000円／株程度であった）。その件は大きなトラブルに発展することはなく事なきを得たが、現状では明確な取り決め等をしていないため、買取価格で揉めたり、株式を保有したまま退職されてしまうこともあり得る状況であった。今後、退職する社員から買い取る際に同様のトラブルが生じることがないとはいえないことから、社長は対策の必要性を感じていた。

## 2 G 社の概要

業種：電子機器製造業

創業：1980 年代

資本金：30 百万円

売上高：約 12 億円

配当還元価額：1,000 円／株（毎期 100 円／株の配当を継続している）

## 3 G 社の対応

　退職時に株式を回収する仕組みとして、従業員持株会を組成し、従業員がすでに保有している株式を持株会に組み入れることにした。また、持株会の規約において、退職時には持株会が買い取ること、その際の価額は配当還元価額とする旨を定めることにより、退職時のトラブルを避けることができるようにした。従業員が保有していた株式をすべて持株会に組み入れた後の株主構成は**図表 6-4** の通りとなった。

**図表 6-4** G社の株主構成の推移

■対応前

| 属　性 | 持株数 | 議決権比率 |
|---|---|---|
| 社長 | 16,770 | 60.8% |
| 社長妻 | 3,000 | 10.9% |
| 社長長男 | 1,000 | 3.6% |
| 社長長女 | 1,000 | 3.6% |
| 同族計 | 21,770 | 78.9% |
| 従業員 1 | 1,300 | 4.7% |
| 従業員 2 | 800 | 2.8% |
| 従業員 3 | 500 | 1.8% |
| 従業員 4 | 300 | 1.1% |
| 従業員 5 | 300 | 1.1% |
| 従業員 6 | 250 | 0.9% |
| 従業員 7 | 200 | 0.7% |
| 従業員 8 | 200 | 0.7% |
| 従業員 9 | 200 | 0.7% |
| 従業員 10 | 180 | 0.7% |
| 従業員 11 | 160 | 0.6% |
| 従業員 12 | 120 | 0.4% |
| 従業員 13 | 100 | 0.4% |
| 従業員 14 | 100 | 0.4% |
| 従業員 15 | 100 | 0.4% |
| 従業員 16 | 100 | 0.4% |
| 従業員 17 | 100 | 0.4% |
| 従業員 18 | 100 | 0.4% |
| 従業員 19 | 100 | 0.4% |
| 従業員 20 | 80 | 0.3% |
| 従業員 21 | 80 | 0.3% |
| 従業員 22 | 60 | 0.2% |
| 従業員 23 | 60 | 0.2% |
| 従業員 24 | 60 | 0.2% |
| 従業員 25 | 60 | 0.2% |
| 従業員 26 | 50 | 0.2% |
| 従業員 27 | 50 | 0.2% |
| 従業員 28 | 30 | 0.1% |
| 従業員 29 | 30 | 0.1% |
| 従業員 30 | 30 | 0.1% |
| 従業員 31 | 10 | 0.0% |
| 従業員 32 | 10 | 0.0% |
| 従業員 33 | 10 | 0.0% |
| 従業員計 | 5,830 | 21.1% |
| 自己株式 | 2,400 | － |
| 総合計 | 30,000 | 100.0% |

■対応後

| 属　性 | 持株数 | 議決権比率 |
|---|---|---|
| 社長 | 16,770 | 60.8% |
| 社長妻 | 3,000 | 10.9% |
| 社長長男 | 1,000 | 3.6% |
| 社長長女 | 1,000 | 3.6% |
| 同族計 | 21,770 | 78.9% |
| 従業員持株会 | 5,830 | 21.1% |
| 自己株式 | 2,400 | － |
| 総合計 | 30,000 | 100.0% |

# 第3節 社外の個人が保有している株式を集約化するための選択肢

## Q6-6 社外の個人が保有している株式を集約化するための選択肢には、どのようなものがあるでしょうか？

**A**

社外の個人が保有している株式を集約化するための基本的な手法は、その株式を会社側で買い取ることです。ただし、買い取り先はどこでもよいというわけではありません。安定した経営権の確保という観点からすると、将来的に分散するリスクが少なく、安定的に保有できる受け皿が望ましいといえます。ところが、中小企業において、そのような受け皿は極めて限られることになるのが一般的です。

中小企業において現実的な受け皿として考えられるのは、現経営者・後継者、持株会、自社（自己株式化）、法人くらいでしょう。これらのなかから、自社にとって可能性のある選択肢を1つひとつ検討していくことになります。それぞれの選択肢の詳細については、**Q6-7 ～ Q6-11** をご参照ください。

**図表 6-5** 買い取り先の選択肢

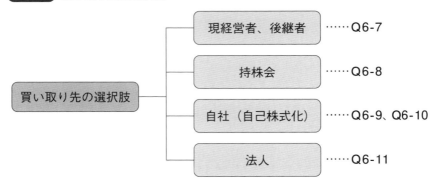

しかし、仮に適当な受け皿があったとしても、株主側の承諾が得られない場合もあります。そもそも株式を手放すことに了解してもらわないといけませんし、価格面で合意できなければ買い取ることはできません。そのような場合では、次善の策として、経営への影響を弱めておく選択肢（第6章第4節参照）を検討することもあります。その他に、株主の意向にかかわらず集約化を進める方法（第6章第5節参照）もありますが、法の力を背景に強制的に買い上げるような形になるため、あくまで最後の手段という位置付けになるでしょう。なお、ケースによっては、相続発生時（第6章第6節参照）まで待って、相続人と新たに買い取り交渉をするようなことも考えられます。

## 社外の個人が保有している株式について、「現経営者、後継者」が買い取る方法について教えてください。

　社外の個人が保有している株式について、現経営者あるいは後継者が直接個人で買い取る方法は、経営の安定化の観点からは最も望ましいといえます。この際、個人で直接買い取る場合の買取価格については、経営者あるいは後継者であれば通常は同族株主であることが想定されますので、税務上の原則的評価方式（152 〜 154 頁参照）による価格が 1 つの目安になります。

【主な留意点】

・税務上の原則的評価方式による価格水準での買い取りとなる場合には、買い取りに必要な資金が膨らむ可能性があります。買取資金の原資としては自己資金で工面したり、自社から一旦借り入れるケースのほか、外部から買取資金を調達するため、次のようなスキームが用いられることもあります。

・現経営者や後継者が少額を出資することにより受け皿会社を設立し、受け皿会社が外部から資金を調達します。受け皿会社はその資金を原資にして社外の個人が保有している株式を買い取るのです。これらによって、現経営者や後継者は受け皿会社を通じて買い取った株式を保有することになります。このスキームでは現経営者や後継者が自己資金を用意する必要がなく、売却側にとっては、自己株式化をした場合と比べ、譲渡益への課税が約 2 割となる等のメリットがありますが、

外部から調達した資金は事業会社が配当等を通じて返済することとなります。事業会社にとっては重い負担となるケースも多く、調達資金の返済スキームが現実的なものか十分に検討する必要があります。また、買い取る際の株価は法人税法上の時価や所得税法上の時価を目安にしているケースが実務的には多いようで、当該株価が原則的評価方式による価格水準よりも高くなることがありますので、あわせて留意が必要です。

　なお、Q4-3のように、後継者が会社を設立して外部から資金を調達し、その会社を通じて先代経営者から株式を買い取るケースにおいて、他の株主の保有分もあわせて買い取ることもあります。

・仮に現経営者や後継者が買取資金を用意できたとしても、買取価格の観点から適さない場面もあります。例として、少数株主から高い価格水準での買い取りを心情的にしたくない場合、将来的に他の株主からも同水準での買い取りを求められることを避けるため、高い価格水準での売買事例を安易につくりたくない場合などが挙げられます。

 **Q6-8** 社外の個人が保有している株式について、「従業員持株会や役員持株会」が買い取る方法について教えてください。

**A** ● ● ● ● ● ● ● ● ● ● ● ● ● ● ● ● ● ● ● ● ● ● ● ● ● ● ● ● ● ● ● ● ● ● ● ● ● ● ●

　Q6-2で示した通り、持株会はあらかじめ規約にきちんと定めておくことにより、株式の分散防止としての機能が期待できるため、社外株主からの買い取りの受け皿としても活用することが考えられます。

　買取価額については、1人当たりの保有割合が小さくなるため、税務

上の配当還元方式を用いることが一般的であり、通常は低い価格水準での買い取りとなります。そのため、この選択肢においては、売却側の株主が価格面で納得するかという問題があります。実際には、売却側の株主の取得価額が配当還元価額と同水準であり、少なくとも売却することによって損失が生じることがない場合には、検討の余地がある選択肢ということができるでしょう。

## 【主な留意点】

・持株会側に買い取り余力があることが前提になります。買い取り分については、既会員に追加拠出を募る、新たに拠出可能な入会者を探す等の対応が必要になります。

・新たに持株会を組成する場合には、そもそも持株会を組成するほどの買い取り量になるか、入会者が集まるか、といった点について事前に十分な検討をしておく必要があります。

・この選択肢は、会社側として自社株式の流通価格を低い水準で保ちたい場合には適していますが、売主側が低い水準の価格で満足するかという問題があります。そのため、他の選択肢と組み合わせて、トータルの売却金額で納得してもらうという考え方もあるでしょう。例えば、一部を経営者が原則的評価方式による価格で買い取り、残りは持株会が配当還元価額で買い取るといったような方法も考えられます。

**Q6-9** 社外の個人が保有している株式について、「自社」が買い取る方法について教えてください。

**A** ● ● ● ● ● ● ● ● ● ● ● ● ● ● ● ● ● ● ● ● ● ● ● ● ● ● ● ● ● ● ● ●

　会社が自社の株式を取得することは、かつては原則として禁止されていましたが、平成13年の商法改正後は原則として自由になりました。金庫株や自己株式化といわれ、将来分散するリスクもないことから、自社株式を集約する際の受け皿として、実際に活用されるケースも増えています。

　会社が自社の株式を買い取る場合には、以下のように2つの手法があります。

**図表6-6** 会社が自社の株式を買い取る方法

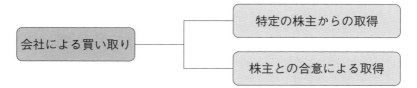

## ❶ 特定の株主からの取得

　会社が株主の中の特定の者から自社株式を買い取る方法です。中小企業においては、実際によく活用されている方法です。

### （1）主な手続
　①株主に売主追加請求ができる旨を通知（（2）主な留意点を参照）

②以下の事項について、株主総会の特別決議が必要（会160、309②二）

　（ⅰ）株式の取得に関する事項

　　　取得する株式の数、取得価額の総額、取得期間（一年以内）

　（ⅱ）（ⅰ）に関する取締役会決議事項（具体的な取得価額など）の通
　　　知を特定の株主に対してのみ行う旨

③取締役会等で以下の事項について決議し、その内容を売主となる特
　定の株主に通知（会157、158、160）

　　・取得する株式の数、1株当たりの取得価額または算定方法、取得
　　　価額の総額、申込期日

## (2) 主な留意点

・会社法では機動的な自社株買いを認める一方で、株主平等の観点から、買い取り意向を表明していない株主にも、事前に買い取り株数や金額を知らせて、会社に売る機会を設けています（売主追加請求権）。すなわち、他の株主から買い取るなら、自分が持つ株式もこの機会に買い取ってほしいと会社に請求できる権利が認められているのです。具体的には、株主総会の議案に、特定の株主に加え、売主に自分の名前の追加を請求できることになっています（会160②、③)。

　そのため、特定の株主以外の株主からも買い取り希望が寄せられた場合、取得枠を比例配分（プロラタ）することによって買い取らなくてはならないため、特定の株主から希望数量をすべて買い取ることができなくなってしまう可能性があります。また、特定の株主だけから高い株価で買い取りたい場合においても、他の株主に手を挙げられると他の株主からも高い株価で買い取らざるを得なくなってしまいます。

　以上を踏まえると、他の株主の意向が把握できており、買い取りの希望がないことが明らかな場合には、この方法は問題なく活用できま

す。しかし、意向を把握できない株主がいたり、買い取りに手を挙げそうな株主がいる場合には、事前に十分な検討が必要です。検討の結果、活用できないことも実務上の判断としてよく見受けられるところです。

・他の株主も売買価額を概ね推定できてしまうため、その際には買い取りの手を挙げなくても、将来的に同水準の価額で買い取ってほしいという希望が寄せられる可能性が出てきます。

## ❷ 株主との合意による取得

　会社が取得する株式数や取得総額を設定し、その条件の下で自社株式を売りたい株主を募集する方法です。ミニ公開買付ともいわれます。実際に、この方法によって株式の集約化を進めるケースも少なくありません。買い取りの条件を示して、その条件で売りたい株主が現れれば買い取っていくのです。特に株式が多くの株主に広く分散しているような会社においては、集約化の一手段として活用することができるでしょう。

### （1）主な手続
①以下の事項について、株主総会の普通決議が必要（会156）
　　・取得する株式の数、取得価額の総額、取得期間（一年以内）
②実際に会社が購入する場合には、その都度取締役会等で以下の事項について決議し、その内容を株主に通知することが必要（会157、158）
　　・取得する株式の数、1株当たりの取得価額または算定方法、取得価額の総額、申込期日

## (2) 主な留意点

・どの株主からも同じ価格で買い取りたい場合には、適した方法といえます。なお、事前に株主総会で決議した株式について、すべて同額で買い取らなければならないというわけではありません。取締役会決議を分けることにより、異なる価格で購入することもできます。

・すべての株主に対して自社株式の売却機会を均等に与えるため、買いたくない株主がいる場合において、その株主からも応募があれば買い取らなければなりません。

## Q6-10 「自社」による買い取りを検討する際に、その他に留意すべき点はありますか？

A

自社による買い取りを検討する際に、その他に留意すべき点として以下のようなものがあります。

### ❶ 税務面

自己株式の取得の際の取得価額については、現行ルール上、明文規定がありません。そのため、ケースに応じて顧問税理士等の専門家への確認が必要となります。

また、自社以外へ譲渡する場合と比べ、売主にとっては税負担が重くなる可能性があります。**図表6-7**の通り、自社以外へ譲渡した場合には、売却益の20.315%の課税となりますが、自社へ売却した際には、売却益

に相当する部分の大半がみなし配当という扱いになるケースが多いと考えられ、その場合には総合課税の対象とされます。特に大株主が保有する株式をまとめて自己株式化する等、みなし配当部分が多額になる場合には、所得税及び住民税の最高税率を意識しなくてはならないこともあり、結果として売却代金がどの程度手元に残るかについては、この手法の検討に際して重要な考慮要素となります。

**図表6-7** 非上場株式を売却した際の課税関係

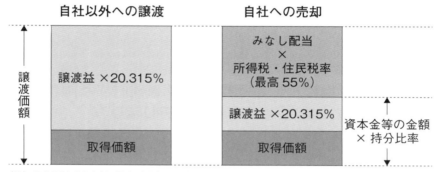

（注）非上場株式を自社（発行会社）へ売却した場合には、資本金等を超える部分については「みなし配当」として扱われる。「みなし配当」は他の所得と合算され、総合課税の扱いとなるため、発行会社以外への売却に比べて、譲渡者の税負担が増加する可能性が高くなる。

## ❷ 買い取りの限度（財源規制）

会社法では、自己株式の取得は剰余金の分配と同様に位置付けられているため、資本充実の観点から無制限に買い取ることはできず、分配可能額の範囲内でしか行うことはできません（会461）。

分配可能額は前期末の剰余金（その他資本剰余金とその他利益剰余金の合計）から、それまでに取得した自己株式の取得価額を差し引いた金額が概ねの目安になります。そのため、例えば大株主の相続発生後に買い取りを考えているような場合には、大株主の相続予想時期に合わせて、

計画的に利益を積み上げていく必要があります。

　なお、分配可能額を超えて自己株式を取得してしまい、取得した事業年度の決算書で分配可能額がマイナスになってしまった場合には、取締役が連帯して計算書類確定時の欠損填補責任を負い、会社に弁済しなければなりません（会465）。

### ❸ 資金面

　当然のことながら、自己株式化に際しては、会社に買い取るための資金があることが必要になります。上述した財源規制と同様に、自己株式の取得の実行の時期を見据えて、計画的に資金を準備していく必要があります。

### ❹ 自己株式の取扱い

　Q3-5でみた通り、自己株式は議決権を有しないため、自己株式化によって、既存株主の議決権比率が上昇します。また、株価の計算上、自己株式は発行済株式数から除くため、取得した価額の水準によっては、取得前に比べて自社の1株当たりの株価が上昇することがあります。

## Q6-11 社外の個人が保有している株式について、「法人」が買い取る方法について教えてください。

中小企業にとって、長期安定的に保有してくれる法人株主として考え

られるのは、取引先・金融機関や自社のグループ会社といったところで
しょう。このうち、取引先や金融機関に新たに保有してもらうのは最近
では難しいケースが多いものと考えられますが、自社のグループ会社に
ついては、例えば資金的に余裕のあるグループ会社が存在するのであれ
ば、有効な受け皿となる可能性があるでしょう。

## ❶ 取引先・金融機関

　金融機関については、資本効率が求められる昨今の状況を考えると、
新たに中小企業の株式を引き受けてもらうことは期待しにくいといえま
す。

　一方、親密な取引先には引き受けを打診してみる価値はありますが、
長期安定的に保有してもらうためには、事業パートナーとしての関係が
維持されることが前提であり、いつまでも友好関係が続く保証はない点
には留意しておくべきでしょう。**Q1-7**でみた通り、取引量が細ってき
たりすれば、買い戻しの要請が寄せられる可能性が出てくることになり
ます。

　なお、親密な取引先の社長個人に株式を保有してもらっているケース
も見かけますが、これは将来、社外の個人株主が保有しているケースと
同様の課題が生じ得ることに留意が必要です。

## ❷ 自社のグループ会社

　将来分散する心配がなく、かつ、長期安定的に保有できる可能性があ
るため、数少ない受け皿候補です。資金的に余裕のあるグループ会社が
存在するのであれば、そこに買い取らせることも選択肢の1つになりま
す。ただし、そもそもグループ会社を持たない、あるいは、グループ会

社があっても買い取るための余裕資金などないケースも多く、実際に選択肢として検討できる中小企業は限られるでしょう。

　なお、グループ会社による保有を検討する際には、グループ会社間の資本関係について、以下の2点に留意することが必要です。

## （1）子会社は親会社の株式を取得することができない

　会社法上、子会社は親会社の株式を取得することができません。仮に組織再編等により取得した場合には、子会社は相当の時期にその有する親会社株式を処分しなければならないこととされています（会135）。

**図表 6-8** 親会社株式の取得の禁止

## （2）相互保有株式には議決権がない

　**図表 6-9** のように、A社がB社の総議決権の4分の1以上を保有している場合には、B社が保有するA社株式には議決権がありません（会308 ①）。そのため、仮にB社がA社の株式を取得した場合には、A社の既存株主の議決権比率が相対的に上昇したり、同族株主の判定に影響を与えたりすることがあるため、留意が必要です。

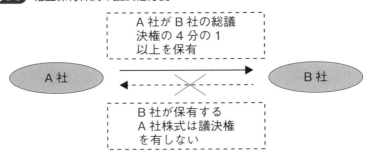

A社がB社の総議決権の4分の1以上を保有

A社 → B社

B社が保有するA社株式は議決権を有しない

---

# Q6-12 株主側から買い取りの要請があった場合には、どのようにしたらよいでしょうか？

## A

　株主側から自社の株式の買い取りの要請があった場合、会社法上は会社側に買い取る義務はありません。そのため、首尾よく合意に至ることができればいいのですが、適当な受け皿が見つからない、買取資金が用意できない、価格面で合意に至らない、といった場合には交渉がまとまりませんので膠着状態に陥ります。現実にはよく起こりがちなパターンです。

　特に価格面での合意が難しく膠着状態となった場合、なかには株主側が帳簿閲覧権などの少数株主権を行使したり、株主総会に出席して会社側を困らせる質問・発言を繰り返したりするようなケースもあります。持株比率が大きくないため、経営を揺るがすようなことにはなりませんが、対応のために時間や労力を取られ、精神的にもプレッシャーになる等、経営者としては事業に集中できなくなってしまう事態に陥ることも

否定できません。

　しかし、会社側としてはなるべく買い取りによる資金流出を抑えたいというのが通常です。また、一度でも高い水準の株価による買い取り事例をつくってしまうと、その後の買い取りにも影響し、多額の資金確保が必要になる可能性もあります。そのため、実際には会社側が許容できる価格水準で粘り強く交渉を続けることになるケースが多いものと考えられます。

　膠着状態が長期間続くような場合には、株主側で相続が発生することも視野に入れておく必要があります。相続発生後は相続人と新たに話をすることになるため、相続発生前と交渉の相手方が変わることで話がまとまるケースもあるでしょう。一方で、この際の話がまとまらない場合に備えて、予め売渡請求のための定款変更をしておくことも考えられますが、268頁にある通り、売渡請求による場合には買い取り価格が高い水準になってしまう可能性があることには留意が必要です。いずれにしても特効薬のようなものはなく、相続発生後も見据えた、長い時間をかけた対応が必要になってくるケースもあり得るということがいえるでしょう。

　なお、最近では、非上場株式の買い取りを希望する少数株主を支援する会社等も見受けられるところです。そのため、ケースによっては、買い取りの交渉に株主以外の第三者が立てられたり、会社にとって見ず知らずの相手への譲渡の承認請求が寄せられたりすることもあるようです。特に後者において譲渡を承認しない場合には、43頁に記載したような対応が必要になると考えられるため留意が必要です。

# 親族が保有している株式を自己株式化

## **1** H社の課題

　H社は現社長（3代目）の祖父が創業したが、祖父に相続が発生した際に、現会長（社長の父）、現会長の弟（社長の叔父）、現会長の妹（社長の叔母）に株式が相続された。会社経営は祖父の長男であった現会長が引き継ぎ、現会長の弟や妹は会社経営には全く関与していない。また、現会長の妹は数年前に他界し、保有していた株式は夫と子どもが相続していた。

　現社長は数年前に3代目の社長となって経営を引き継ぎ、父である現会長が保有している株式について移動を進めている最中、叔父と叔母グループから株式を買い取ってほしいとの要請を受けた。買取価額は1株当たり純資産価額（62,900円／株、買取総額403百万円）を希望しているとのことであった。

## **2** H社の概要

業種：倉庫業

創業：1940 年代

資本金：100 百万円

売上高：約 30 億円

原則的評価額：28,300 円／株

純資産価額：62,900 円／株

小会社方式による株価：45,600 円／株

**図表 6-10** H社の株主構成

| 属　性 | 持株数 | 議決権比率 |
|---|---|---|
| 社長 | 2,670 | 18.0% |
| 会長（父） | 5,030 | 34.0% |
| 社長弟 | 700 | 4.8% |
| 叔父 | 2,600 | 17.6% |
| 叔母の夫 | 1,900 | 12.8% |
| 叔母の長女 | 950 | 6.4% |
| 叔母の二女 | 950 | 6.4% |
| 自己株式 | 200 | ― |
| 総合計 | 15,000 | 100.0% |

## **3** H社の対応

　現社長としても、経営に全く関与していない親族が大株主として存在することでやりにくい面も否めず、また、放っておくと相続によって今後さらに株式が経営に関係のない者に分散していってしまうことを懸念していた。できることなら買い取ってしまいたいと考えていたこともあり、具体的に買い取りを検討することとした。

　買い取りの受け皿として考えられるのは、現社長、従業員持株会（現状は存在しないため新たに設立する）、自己株式化であった。しかし、現社長は現会長が保有している株式の引き継ぎで手一杯であり、これ以上資金を確保する余裕はなかった。また、従業員持株会については買取価額が配当還元価額の水準となってしまうため、先方が受け入れる可能性はゼロに等しい状況であった。一方、H社は幸い手元資金に余裕があり、これまでの業績も堅調で剰余金も積み上がっていたため、2 ～ 3 億円程度であれば自己株式として取得することは可能であり、また、自己株式取得の際に売主追加請求権を行使する株主も他にはいないことから、最

終的に自己株式化で検討を進めることになった。

　当初、先方は純資産価額での買い取りを希望していたものの、交渉の過程で今後の会社経営への影響にも理解を示し、結果として 45,000 円／株（買取総額 288 百万円）で会社が自己株式として買い取ることで決着した。

**図表 6-11** H 社の株主構成の推移

■対応前

| 属　性 | 持株数 | 議決権比率 |
|---|---:|---:|
| 社長 | 2,670 | 18.0% |
| 会長（父） | 5,030 | 34.0% |
| 社長弟 | 700 | 4.8% |
| 叔父 | 2,600 | 17.6% |
| 叔母の夫 | 1,900 | 12.8% |
| 叔母の長女 | 950 | 6.4% |
| 叔母の二女 | 950 | 6.4% |
| 自己株式 | 200 | ― |
| 総合計 | 15,000 | 100.0% |

■対応後

| 属　性 | 持株数 | 議決権比率 |
|---|---:|---:|
| 社長 | 2,670 | 31.8% |
| 会長（父） | 5,030 | 59.9% |
| 社長弟 | 700 | 8.3% |
| 自己株式 | 6,600 | ― |
| 総合計 | 15,000 | 100.0% |

事例 **9**

# 社外の個人株主が保有している株式を集約化

## 1 I社の課題

　I社は創業90年を超える生産機械器具メーカーである。創業社長が社員に幅広く株式を持たせ、退職時に回収することをしていなかったこともあり、元社員やその家族を中心に社外の個人株主が76名にも上っていた。I社の株主構成は創業家で過半数の議決権を確保しており、日々の経営には特段の問題はなかったが、社外の個人株主には相続が発生して配偶者や子どもなどの相続人へ株式が移動するケースも増えていた。また、これまでに相続人等から買い取ってほしいとの希望が寄せられた際には個別に会社が買い取っていたが、あくまで受け身の対応に過ぎなかった。

　3代目の現社長としては、このまま放っておくと、さらに株式の分散が進むことを懸念しており、対策の必要性は感じていたものの、日々の経営に忙しく、なかなか行動に移すことができなかった。そのなかで、数年後に息子へ社長の座を譲る方針が固まり、株式の整理についても、ようやく本腰をあげることとなった。

## 2 | I社の概要

業種：生産機械器具製造業

創業：1920年代

資本金：80百万円

売上高：約40億円

配当還元価額：50円／株

（毎期5円／株の配当を継続している）

**図表6-12** I社の株主構成

| 属　性 | 持株数 | 議決権比率 |
|---|---|---|
| 社長 | 213,000 | 13.3% |
| 社長母 | 120,000 | 7.5% |
| 社長長男 | 55,000 | 3.4% |
| その他社長一族 | 446,000 | 27.9% |
| 取引先 | 192,000 | 12.0% |
| 役員・従業員 | 126,000 | 7.9% |
| 社外個人株主(76名) | 448,000 | 28.0% |
| 総合計 | 1,600,000 | 100.0% |

## 3 | I社の対応

　会社以外に買取資金を用意できる適当な受け皿がないため、自己株式化によって整理を進めていくこととした。また、特定の株主からではなく、社外の個人株主から広く買い集めたいことから、買い取りの条件を示して、その条件で売りたい株主が現れれば買い取っていく方法を選択した。買取価格としては、まずは社内流通価格でもある配当還元価額（50円／株）を示すことにした。

　定時株主総会において自己株式取得に係る決議（取得価額の総額20百万円・取得する株式数400,000株）を行い、1株当たり50円という買い取りの条件で株主に通知したところ、41名からの応募があった。これらをすべて会社で買い取った結果、株主数を35名にまで減らすことができた。

　今後は、しばらく定時株主総会で自己株式取得の枠を設けておくことにより、個人株主からの買い取りを進めていきたい意向である。また、個人株主の数が減ってきたこともあり、個人株主の意思を個別に確認しながら買い取りの打診をすることも検討している。なお、買い取りが難

しい株主に相続が発生した場合には、相続人と個別に買い取りの交渉を
することにより整理を進めていく考えである。

**図表 6-13** I社の株主構成の推移

■対応前

| 属　性 | 持株数 | 議決権比率 |
|---|---|---|
| 社長 | 213,000 | 13.3% |
| 社長母 | 120,000 | 7.5% |
| 社長長男 | 55,000 | 3.4% |
| その他社長一族 | 446,000 | 27.9% |
| 取引先 | 192,000 | 12.0% |
| 役員・従業員 | 126,000 | 7.9% |
| 社外個人株主（76名） | 448,000 | 28.0% |
| 総合計 | 1,600,000 | 100.0% |

■対応後

| 属　性 | 持株数 | 議決権比率 |
|---|---|---|
| 社長 | 213,000 | 15.7% |
| 社長母 | 120,000 | 8.8% |
| 社長長男 | 55,000 | 4.0% |
| その他社長一族 | 446,000 | 32.8% |
| 取引先 | 192,000 | 14.1% |
| 役員・従業員 | 126,000 | 9.3% |
| 社外個人株主（35名） | 208,500 | 15.3% |
| 自己株式 | 239,500 | ― |
| 総合計 | 1,600,000 | 100.0% |

**集約化が難しい場合に経営への影響を弱めておく選択肢**

**Q6-13** 集約化が難しい場合に、経営への影響を弱めておくような選択肢はあるのでしょうか？

**A** • • • • • • • • • • • • • • • • • • • • • • • • • • • • • • • •

　Q6-6 〜 Q6-11においては買い取りの選択肢を示しましたが、現実には会社側で受け皿を用意するのが難しいケースもあれば、受け皿は用意できても株主側の了解が得られずに買い取ることができないケースもあります。このように買い取ることができない場合に、次善の策として、株式は少数株主が引き続き保有するとしても、経営への影響をできるだけ弱めておくことが考えられます。ここでは、経営への影響を弱める選択肢として、少数株主からの協力が得られることを前提として、配当優先無議決権株式の活用、単元株制度の活用の2つを採り上げます。

**図表 6-14** 経営への影響を弱める方法

```
                                    ┌─────────────────────────┐
                                    │ 配当優先無議決権株式の活用 │
┌──────────────────────┐           └─────────────────────────┘
│ 経営への影響を弱める選択肢 │───┤
└──────────────────────┘           ┌─────────────────────────┐
                                    │     単元株制度の活用      │
                                    └─────────────────────────┘
```

## ❶ 配当優先無議決権株式の活用

　少数株主から株式を買い取ることが難しい状況にある場合に、あくまで少数株主からの協力が得られることが前提ではありますが、少数株主が保有する株式について配当優先無議決権株式に転換してもらうことにより、経営への関与を弱めて経営の安定化を図ることが考えられます。配当優先無議決権株式の発行手続・主な留意点・税務上の考え方等については、**Q3-8** をご参照ください。

## ❷ 単元株制度の活用

　単元株制度とは、株主管理コストの観点から、定款で一定数の株式を「一単元」とし、一単元の株式には1個の議決権を認め、単元未満の株式には議決権を認めないこととする制度です。単元未満の株式には配当・残余財産分配などの自益権や、議決権に関わりのない共益権が残ります（会188、189）。

　そこで、少数株主が保有する株式に限って一定の株式数を一単元とすることにより、議決権行使を制限することが考えられます。種類株式発行会社においては、単元株式数は株式の種類ごとに定めることとされているため、例えば、少数株主が保有する株式を配当優先株式とした後、一定の株式数を一単元とすることにより（配当優先株式について3株を一単元とする等）、少数株主の議決権を減らすことが可能です。

　また、少数株主が保有する株式については、単元未満株式となるように単元株式数を設定することにより、議決権行使を完全に制限することも考えられます。ただし、一単元の株式となる数は「1000及び発行済株式総数の200分の1に当たる数」を超えることができないとされているため、効果は限定的になります（会規34）。ごく少量の株式を保有す

249

る株主が多く存在する場合には、検討の余地があるといえるでしょう。
単元株制度の活用例や主な手続・留意点については、Q6-14をご参照
ください。

## Q6-14 単元株制度の活用例、主な手続や留意点について教えてください。

### A ● ● ● ● ● ● ● ● ● ● ● ● ● ● ● ● ● ● ● ● ● ● ● ● ● ● ● ●

### ❶ 単元株制度の活用例

　**図表6-15** の左表の通り、現在の株主構成はごく少量の株式を保有し
ている個人株主が多く存在し、株主の管理が煩雑となっている状況にあ
ります。そこで、単元未満の株式については、買取請求がある程度生じ
ることを想定しつつ、単元株制度の活用によって整理をする方向で進め
ることとしました。

　5株を1単元となるように定款の変更を行った結果、5株未満の株式
しか保有していなかった株主は単元未満の株式を保有することとなり、
株主総会において議決権を有しないこととなりました。

**図表 6-15** 5株を1単元とした場合

〈Before〉

| 株主 | 持株数（株） | 持株比率 | 議決権（個） | 議決権比率 |
|---|---|---|---|---|
| 社長 | 700 | 70.0% | 700 | 70.0% |
| 社長同族 | 268 | 26.8% | 268 | 26.8% |
| 元役員 | 4 | 0.4% | 4 | 0.4% |
| 元役員 | 4 | 0.4% | 4 | 0.4% |
| 元役員 | 4 | 0.4% | 4 | 0.4% |
| 元役員 | 3 | 0.3% | 3 | 0.3% |
| 元役員 | 3 | 0.3% | 3 | 0.3% |
| 元役員 | 3 | 0.3% | 3 | 0.3% |
| 元役員 | 3 | 0.3% | 3 | 0.3% |
| 個人株主 | 3 | 0.3% | 3 | 0.3% |
| 個人株主 | 3 | 0.3% | 3 | 0.3% |
| 個人株主 | 2 | 0.2% | 2 | 0.2% |
| 合計 | 1,000 | 100.0% | 1,000 | 100.0% |

〈After〉

| 株主 | 持株数（株） | 持株比率 | 議決権（個） | 議決権比率 |
|---|---|---|---|---|
| 社長 | 700 | 70.0% | 140 | 72.5% |
| 社長同族 | 268 | 26.8% | 53 | 27.5% |
| 元役員 | 4 | 0.4% | 0 | 0% |
| 元役員 | 4 | 0.4% | 0 | 0% |
| 元役員 | 4 | 0.4% | 0 | 0% |
| 元役員 | 3 | 0.3% | 0 | 0% |
| 元役員 | 3 | 0.3% | 0 | 0% |
| 元役員 | 3 | 0.3% | 0 | 0% |
| 元役員 | 3 | 0.3% | 0 | 0% |
| 個人株主 | 3 | 0.3% | 0 | 0% |
| 個人株主 | 3 | 0.3% | 0 | 0% |
| 個人株主 | 2 | 0.2% | 0 | 0% |
| 合計 | 1,000 | 100.0% | 193 | 100.0% |

## ❷ 主な手続

　単元株制度を導入するには、まず定款を変更し、単元株式数を設定しなければなりません（会188）。この定款の変更に際しては、株主総会の特別決議が必要になります。加えて、当該株主総会において、取締役は制度を必要とする理由を説明しなければなりません（会190）。そして、定款の変更後は、本店の所在地において単元株数の登記が必要になります。なお、単元未満株式には買取請求権が認められているため、買取請求が寄せられた場合には、その都度対応していく必要があります（会192、193）。

**図表6-16** 単元株制度を導入する際の主な手続

| 株主総会の特別決議 | | 登記 | | 単元未満株式への対応 |
|---|---|---|---|---|
| 定款変更<br>・単元株式数の設定<br>・制度を必要とする<br>　理由の説明 |  | 単元株数の<br>登記 |  | 単元未満株式を保<br>有する株主には買<br>取請求権が認めら<br>れている |

## ❸ 主な留意点

・単元未満株主には株式は残りますが、株主総会での議決権が完全に制限されます。また、株式基準の少数株主権は残りますが、定款の定めにより株主代表訴訟権や帳簿閲覧請求権などを制限することが可能です（会189）。

・単元未満株主には買取請求権が認められているため、買取請求があった場合に備えて、会社にはある程度の買取資金の用意が必要と考えられます。この場合には、財源規制（236頁参照）はありません。価格は原則協議で、裁判所への申し立ても可能です。裁判所へ申し立てた場合には、会社の資産状態その他一切の事情を考慮しなければならないとされており、一方、申し立てがなく協議も整わない場合には、1株当たり純資産額が売買価格とされるため、会社側にとっては想定外の価格で買い取らなければならなくなる可能性があります（会192、193）。

## Q6-15 株主の意向にかかわらず集約化を進める方法はあるのでしょうか？

**A** ・・・・・・・・・・・・・・・・・・・・・・・・・・・・・・・・・・・・・・

　個人が保有している株式を集約化するための手法としては、Q6-6 ～ Q6-11にある通り、買い取りによる方法が最も現実的で無難な選択肢といえます。また、買い取りが難しい場合に、次善の策として、経営への影響を弱めておく選択肢を Q6-13 ～ Q6-14で紹介しました。一方で、これらの選択肢以外に、株主の意向にかかわらず集約化を進める方法も存在します。

　本書で紹介する方法は、少数株主が保有する株式について、支配株主が少数株主の個別の承諾を得ることなく、金銭を対価として取得するもの（キャッシュアウトといわれる）で、株式等売渡請求制度・株式併合の2つになります。株式等売渡請求制度は平成26年の会社法改正により創設されたもので、特別支配株主に該当する株主は、対象会社の承認のみで他の株主の株式を取得することができます。また、株式併合については、少数株主が保有する株式を併合によって1株未満の端数に転換し、1株未満の端数は換金したうえで少数株主に交付することによって少数株主を整理することが可能です。

**図表 6-17** 本書で紹介するキャッシュアウトの方法

```
                    ┌──── 株式等売渡請求制度の活用  ……Q6-16
  キャッシュアウト ──┤
                    └──── 株式併合の活用          ……Q6-17
```

　ただし、いずれも少数株主から法的な力をもって買い取ることになるため、トラブルになる可能性も否定できません。また、株主側には価格決定申立権や株式買取請求権等が認められており、会社側にとっては想定外の買取価格となってしまい、買い取りに必要な資金が膨らむ可能性もあります。そのため、中小企業における株式の集約化に際しては、あくまで最後の手段という位置付けになるでしょう。仮に実行に移す場合においても、できるだけ事前に株主側の理解を得たうえで実行に移すことが望ましいといえるでしょう。

## Q6-16 株式等売渡請求制度とは、どのようなものですか？　主な手続や留意点についても教えてください。

### ❶ 株式等売渡請求制度とは

　株式等売渡請求制度とは、総株主の議決権の10分の9以上を有する株主（特別支配株主）が、他の株主に対して、その保有する株式のすべてを売り渡すことを請求することができる制度です（会179）。対象会社の取締役会の承認があれば、株主総会の決議を経ることなく、少数株主

254

が保有する株式を取得することができます（会179の3）。主に上場会社による買収の際に活用されることが想定されていますが、中小企業において活用することも否定はされていません。

以下の例でみてみましょう。

数株ずつ保有している元役員と個人株主がいる場合に、株式等売渡請求制度を活用して株式を整理することとしました。

この結果、特別支配株主である社長が3名の社外個人株主から株式を買い取ることになり、一連の手続を経て、3名の社外個人株主は株主ではなくなるとともに、社長が100％を保有する株主となりました。

**図表6-18** 90％を保有する社長が他の株主への売渡請求により残りの株式をすべて取得

〈Before〉

| 株主 | 持株数（株） | 持株比率 | 議決権（個） | 議決権比率 |
|---|---|---|---|---|
| 社長 | 90 | 90.0% | 90 | 90.0% |
| 元役員 | 5 | 5.0% | 5 | 5.0% |
| 個人株主 | 3 | 3.0% | 3 | 3.0% |
| 個人株主 | 2 | 2.0% | 2 | 2.0% |
| 合計 | 100 | 100.0% | 100 | 100.0% |

〈After〉

| 株主 | 持株数（株） | 持株比率 | 議決権（個） | 議決権比率 |
|---|---|---|---|---|
| 社長 | 100 | 100.0% | 100 | 100.0% |
| 元役員 | 0 | 0.0% | 0 | 0.0% |
| 個人株主 | 0 | 0.0% | 0 | 0.0% |
| 個人株主 | 0 | 0.0% | 0 | 0.0% |
| 合計 | 100 | 100.0% | 100 | 100.0% |

## ❷ 主な手続

**図表 6-19** 株式等売渡請求制度を活用する際の主な手続

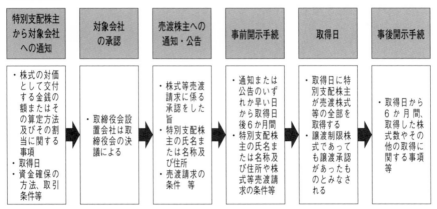

| 特別支配株主から対象会社への通知 | 対象会社の承認 | 売渡株主への通知・公告 | 事前開示手続 | 取得日 | 事後開示手続 |
|---|---|---|---|---|---|
| ・株式の対価として交付する金銭の額またはその算定方法及びその割当に関する事項<br>・取得日<br>・資金確保の方法、取引条件等 | ・取締役会設置会社は取締役会の決議による | ・株式等売渡請求に係る承認をした旨<br>・特別支配株主の氏名または名称及び住所<br>・売渡請求の条件 等 | ・通知または公告のいずれか早い日から取得日後6か月間<br>・特別支配株主の氏名または名称及び住所や株式等売渡請求の条件等 | ・取得日に特別支配株主が売渡株式等の全部を取得する<br>・譲渡制限株式であっても譲渡承認があったものとみなされる | ・取得日から6か月間、取得した株式数やその他の取得に関する事項等 |

※非公開会社においては事前及び事後の開示手続期間が取得日後1年とされている。

　特別支配株主が売渡請求の条件等を定めて対象会社へ通知し、対象会社による承認を得た後、売渡株主への通知・公告を行います。これにより、特別支配株主から売渡株主に対して株式等売渡請求がされたものとみなされ、特別支配株主は取得日に売渡株式のすべてを取得することになります。なお、対象会社には事前と事後の開示手続が求められています（会179の2～10）。

## ❸ 主な留意点

・あくまで特別支配株主と売渡株主との間の売買取引であり、対象会社は取引の当事者ではありません。

・売買価格に不服がある売渡株主は、取得日の20日前から取得日の前日までの間に、裁判所に対して売買価格の決定の申立てをすることができます（会179の8）。また、売買価格が著しく不当である場合や請求が法令に違反しているような場合には、売渡株主は売渡株式の全部の取得の差し止めの請求が可能です（会179の7）。

・特別支配株主が買い取るにあたっては、税務上は原則的評価方式による価格が目安になると考えられるため、特別支配株主には相応の買取資金が必要になります。また、上述の通り、株主には価格決定申立権が認められているため、想定外の価格で買い取らなければならなくなる可能性もあります。

## Q6-17 株式併合によって株式を集約化する方法とは、どのようなものですか？　主な手続や留意点についても教えてください。

**A** ・・・・・・・・・・・・・・・・・・・・・・・・・・・・・・・・・・

### ❶ 株式併合とは

　株式併合によって株式を集約する方法とは、少数株主が保有する株式について、株式の併合（会180）により交付される株式が端数になるように、併合割合を決めて株式の併合を行うものです。

　併合によって生じた1株に満たない端数の株式は換金されて少数株主に交付され、これらの一連の手続によって少数株主は株主ではなくなります。

以下の例でみてみましょう。

5株ずつ保有している元役員と個人株主がいる場合に、株式併合を活用して株式を整理することとしました。

併合後に5株が1株未満の端数となるように、6株を1株に併合することとしました。これにより、元役員と個人株主の保有株式は1株未満の端数となり、端数については会社が自己株式として取得した後に消却しました。

一連の手続の結果、元役員と個人株主は保有株式を換金することになり、株主ではなくなりました。

**図表 6-20** 6株を1株に併合し、元役員と個人株主の持株数をゼロにする

〈Before〉

| 株主 | 持株数(株) | 持株比率 | 議決権(個) | 議決権比率 |
|---|---|---|---|---|
| 社長 | 70 | 70.0% | 70 | 70.0% |
| 社長同族 | 20 | 20.0% | 20 | 20.0% |
| 元役員 | 5 | 5.0% | 5 | 5.0% |
| 個人株主 | 5 | 5.0% | 5 | 5.0% |
| 合計 | 100 | 100.0% | 100 | 100.0% |

〈After〉

| 株主 | 持株数(株) | 持株比率 | 議決権(個) | 議決権比率 |
|---|---|---|---|---|
| 社長 | 11 | 78.6% | 11 | 78.6% |
| 社長同族 | 3 | 21.4% | 3 | 21.4% |
| 元役員 | 0 | 0.0% | 0 | 0.0% |
| 個人株主 | 0 | 0.0% | 0 | 0.0% |
| 合計 | 14 | 100.0% | 14 | 100.0% |

## ❷ 主な手続

**図表 6-21** 株式併合を活用する際の主な手続

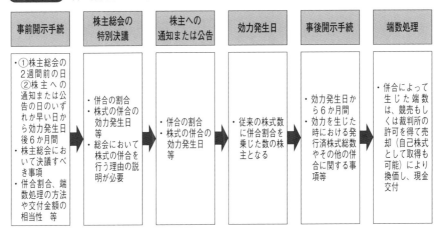

併合に関する株主総会の特別決議を行い、株主への通知または公告を経て、株主総会の決議によって会社が定めた日に株式併合の効力が生じますが、平成26年改正において事前と事後の開示手続が求められることとなりました。なお、併合によって生じた端数については、競売もしくは裁判所の許可を得て競売以外の方法による売却（自己株式として会社が取得可能）によって得られた代金を交付します（会180〜182の6、235）。

## ❸ 主な留意点

・株主総会においては、株式併合を必要とする理由の説明も必要になります（会180④）。また、事前開示手続において、併合割合や端数処理により、株主に交付する金額の相当性に関する事項を記載した書面

を備え置かなければなりません（会182の2）。

・反対株主には、併合によって生じる端数について株式買取請求権が認められています（会182の4、5）。この際に価格決定の申し立てがされた場合には、想定外の価格で買い取らなければならなくなる可能性があります。また、株式の併合が法令または定款に違反する場合において、株主が不利益を受けるおそれがあるときは、併合の差し止めの請求が可能です（会182の3）。

・反対株主や端数分の買い取りのために、相応の資金が必要になります。また、財源規制（236頁参照）があるため、留意が必要です。

## 事例10

# 株式併合によって集約化

## 1 J社の課題

　J社は過去に株式上場を前提とした資本政策を進めるなかで株主を増やしてきたが、右肩上がりの業績が見込めなくなったこともあり、数年前に株式上場を断念した。上場断念後は個人株主からの売却希望が相次ぎ、会社が順次自己株式として買い取り及び消却を進めてきたが、それでも従業員OB等の一般の個人株主は87名に達していた。

　現社長としては、株式の管理事務が煩雑なだけでなく、今後の相続発生によるさらなる株主の増加を防ぐとともに、後継世代において株主対策に頭を悩ませる状況にはしたくないと考えており、個人株主が保有する株式の集約化を本格的に検討することになった。

## 2 J社の概要

業種：電子機器製造業
創業：1940年代
資本金：110百万円
売上高：約140億円

**図表6-22** J社の株主構成

| 属　性 | 持株数 | 議決権比率 |
|---|---|---|
| 社長 | 626,000 | 41.7% |
| その他の同族(7名) | 193,000 | 12.9% |
| 非同族役員(5名) | 77,000 | 5.1% |
| 従業員持株会 | 224,000 | 14.9% |
| 取引先（7社） | 58,600 | 3.9% |
| 社外個人株主(87名) | 321,400 | 21.5% |
| 総合計 | 1,500,000 | 100.0% |

## 3 Ｊ社の対応

　株主数が多いため、個別に株主から買い取りをすすめていくのは煩雑であることから、ある程度まとめて処理できる選択肢を検討した。検討の際には、会社から買い取りの条件を示して、その条件で売りたい株主がいれば会社が買い取っていく方法（234頁参照）も考えられたが、個々の株主の意向に左右されてしまうため、最終的に株主の意向にかかわらず整理が可能な株式併合を用いるという結論に至った。

　具体的には、10,000株を1株に併合し、併合によって生じる端数は換金されて金銭が交付されることになる。この際、端数については裁判所の許可を得て会社が自己株式として取得する予定であるが、その総額は手元資金で十分に賄える範囲と試算された。

　また、一定数以上を保有している株主には、本件について事前に説明し理解が得られたことから、大きな混乱なく進めることができるものと想定された。

　そして、株主総会の特別決議を経て株式併合を実施した結果、併合前に個人株主を中心に108名に達していた株主数は、23名にまで減少することとなった。株主からは特に異論がでることもなく、全体としてスムーズに手続きを進めることができた。

**図表6-23** J社の株主構成の推移

■対応前

| 属　性 | 持株数 | 議決権比率 |
|---|---|---|
| 社長 | 626,000 | 41.7% |
| その他の同族（7名） | 193,000 | 12.9% |
| 非同族役員（5名） | 77,000 | 5.1% |
| 従業員持株会 | 224,000 | 14.9% |
| 取引先（7社） | 58,600 | 3.9% |
| 社外個人株主（87名） | 321,400 | 21.5% |
| 総合計 | 1,500,000 | 100.0% |

■対応後

| 属　性 | 持株数 | 議決権比率 |
|---|---|---|
| 社長 | 62 | 51.7% |
| その他の同族（7名） | 19 | 15.8% |
| 非同族役員（3名） | 6 | 5.0% |
| 従業員持株会 | 22 | 18.3% |
| 取引先（2社） | 2 | 1.7% |
| 社外個人株主（9名） | 9 | 7.5% |
| 端数（→自己株式化） | 30 | ― |
| 総合計 | 150 | 100.0% |

## Q6-18 相続発生時に採り得る選択肢には、どのようなものがありますか？

**A** • • • • • • • • • • • • • • • • • • • • • • • • • • • • • • • • •

社外の個人株主に相続が発生した際に採り得る選択肢としては 2 つあります。1 つは、会社が相続人と合意することで株式を取得する方法、もう 1 つは、あらかじめ定款で定めておくことにより、会社が強制的に相続人から買い取る方法です。

**図表 6-24** 相続発生時に採り得る選択肢

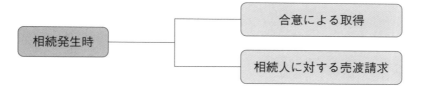

### **1** 合意による取得

個人株主に相続が発生した後、会社が相続人から株式を取得するケースは中小企業においてよく見かけますが、大半はこの方法によって取得しているものと考えられます。

なお、非公開会社において、会社が相続人から相続によって承継した株式を合意により取得する場合には、会社が特定の株主から自社株式を

取得するケースに比べて要件が緩和されており、他の株主に売主追加請求権が生じることがありません（会162）。生前に会社が買い取りたかったが、他の株主にも売りたいと言われてしまう可能性があって買い取ることができなかった場合など、相続人との合意が前提ではありますが、この方法によって相続後に相続人からピンポイントで買い取ることができます。主な手続や留意点については、**Q6-19**をご参照ください。

## ❷ 相続人に対する売渡請求

4頁でみた通り、定款により株式の譲渡は制限できますが、相続のような一般承継による移転は制限できません。すると、株式を承継した相続人が自動的に新たな株主になり、相続が繰り返されることで、部外者も同然の多数の者に株式が分散していくことになってしまいます。

そこで会社法では、定款で定めることにより、一定の期間内に会社が相続人に対して、株式を売り渡すことを請求することができる制度を設けています（会174）。これによって、会社は相続人から自社株式を強制的に買い取ることができます。主な手続や留意点については、**Q6-20**をご参照ください。

## ❸ 税務上の取扱い

相続発生後に自社へ株式を売却した場合には、税負担が軽減される特例が設けられています。まず、相続によって取得した非上場株式を発行会社へ売却した場合には、相続税の申告期限の翌日から3年以内の譲渡等、一定の条件を満たせば、みなし配当課税を行わないとする特例があります（措法9の7）。

また、譲渡所得の計算上、取得費に相続税相当額を加算する特例を受

けることもできます（措法39）。これらの特例は併用することができます。

---

## Q6-19 会社が相続人から株式を合意によって取得する方法について、主な手続や留意点を教えてください。

### A

### ❶ 主な手続

　会社が相続人から株式を合意によって取得するに際しては、以下の事項について株主総会の特別決議が必要になります（会160、162）。

①株式の取得に関する事項

　取得する株式の数、取得価額の総額、取得期間（一年以内）

②①に関する取締役会決議事項（1株当たりの取得価額など）の通知を相続人に対してのみ行う旨、その相続人の氏名

### ❷ 主な留意点

・会社に買い取りを要求する権利が相続人にあるわけではありません。あくまで会社と相続人の両者の合意が前提になります。

・期間制限はありませんが、相続人が株主総会で議決権を行使した場合には、株主としての地位を認めたことになるため、売主追加請求権が発生します（会162二）。

・会社による自己株式の取得にあたるため、会社に買取資金が必要にな

ります。また、財源規制もあります（236頁参照）。

・譲渡者にとっては、売却時の税負担が軽減される規定があります（265頁参照）。そのため、通常の会社買い取りのケースに比べて税負担が軽減されるという理由で、相続人に対して売却を促すことも考えられます。

相続人に対する売渡請求によって会社が株式を取得する方法について、主な手続や留意点を教えてください。

## ❶ 主な手続

あらかじめ定款で下記のように定めておく必要があります。この定款変更には、株主総会の特別決議が必要です（会466、309②）。

〈定款例〉

> 第××条　当会社は、当会社の株式を相続その他の一般承継により取得した者に対し、株主総会の決議をもって、当該株式を当会社に売り渡すよう請求することができる。

実際に相続が発生した際には、相続があったことを知った日から1年以内であれば、株主総会の特別決議をもって、相続人に売渡を請求することができます。決議すべき事項は、売渡請求をする株式の数、請求相

手の氏名ないし名称です（会175、176）。

## ❷ 主な留意点

・売買価格については、まずは会社と相続人の協議によりますが、売渡請求の日から20日以内に裁判所に価格決定を申し立てることもできます。裁判所は、請求時における会社の資産状態その他一切の事情を考慮しなければならないとされており、裁判所から示される価格は会社にとっては高い水準になってしまう可能性があります（会177）。

・一般的に会社が相続人から株式を買い取りたい場合、まずは相続人との話し合いによって買い取る道を探ることになるでしょう。その結果、合意できれば**Q6-19**の方法で買い取ればよいわけです。そのため、この方法は価格面で合意できない、相続人が手放す意思がないといった場合に、とにかく相続人に株式が渡ることだけは避けたいというようなケースで発動されることが多いのではないかと考えられます。

　このようなケースでは、会社と相続人が合意できない状況ですから、裁判所へ申し立てをしなければ売渡請求は効力を失ってしまいますので（会177⑤）、会社は裁判所へ価格決定を申し立てることになります（もちろん相続人側が申し立てることもあります）。そのため、先述した通り、買取価格は高い水準になってしまう可能性があります。したがって、会社側としては買取価格をなるべく抑えたいと考えるのが一般的であるため、この定款規定を導入している会社は多いのですが、実際に実務で使われるシーンは限られるのではないかと考えられます。仮に買取価格が高い水準になったとしても、とにかく相続人から株式を回収したい場合には適した選択肢といえるでしょう。

・相続人に売渡請求を行うには株主総会の特別決議が必要ですが、請求を受ける相続人はこの議案に関して議決権を行使できません（会175②）。

　このため、経営者側で相続が生じた場合、少数株主グループが経営者側の意に反して臨時株主総会を招集し、経営者の議決権を除いたベースの議決権数で多数を占め、経営者の相続人への株式売渡請求を可決してしまうというシナリオも理屈のうえではあり得ます。

　このように「相続が生じたほうが負け」といえるようなシナリオが現実味を帯びるほど株主間の意見対立が緊張している場合には、例えば、買い取りたい株主に相続が生じた都度、定款変更により本規定を導入し、買い取った後に定款の再変更により本規定を取り除くという手続を繰り返していく等、対応策の検討が必要になってきます。

・この制度を使えば、株主における相続を株式集約の一大チャンスと捉えることもできます。しかしながら一方で、他の自己株式取得と同じく、相続人に対する売渡請求による自己株式の取得も、分配可能額の範囲でしか行うことはできませんし、そもそも会社に買取資金があることが前提となります。せっかくのチャンスを活かすためには、計画的な利益積み上げによる分配可能額の拡大と買取資金の準備が鍵を握ることになります。

**Q6-21** 法人株主から買い取りを検討する際の選択肢には、どのようなものがありますか？

**A** • • • • • • • • • • • • • • • • • • • • • • • • • • • • • • • • • • • • •

　法人株主から買い取りを検討する際の選択肢は、個人株主からの買い取りの場合（第6章第3節参照）と特に変わりません。将来的に分散するリスクが少なく、安定的に保有でき、かつ買取資金も用意できる受け皿となると、極めて限られることになるのが通常です。中小企業において、法人株主からの買い取りの受け皿として考えられるのは、

　①現経営者、後継者

　②持株会（非同族の役員、従業員）

　③自社（自己株式化）

　④法人（グループ会社、取引先等）

くらいでしょう。法人株主との交渉のなかで、これらのなかから可能性のある選択肢を検討していくことになります。

　売却側の法人株主の取得価額が低く、売却に際しての希望価額が取得価額と同程度か多少プラスする程度であれば、現経営者・後継者や非同族役員・従業員等の持株会が買い取ることができる可能性は出てくるでしょう。

　しかし、売却に際しての希望価額が1株当たり純資産額など高い水準になる場合には、買い取り側にはまとまった資金が必要になってくるため、現経営者・後継者のような個人や持株会には難しく、会社が買い取

る（自己株式化）くらいしか選択肢がないというケースも少なくありません。この場合には、もちろん会社が買取資金を用意できることが前提になります。また、特定の株主から自己株式化する際には、他の株主にも手を挙げる権利（売主追加請求権）が生じます（233頁参照）。そのため、自己株式化の選択肢も採ることができず、買い取り交渉が膠着状態となってしまうケースもあります。

　その他に可能性のある選択肢としては、グループ会社や親密な取引先による買い取りくらいでしょう。実際には、経営者が自己資金や借入等によって、なんとか資金を工面して買い取る場合もあります。

　いずれにしても、個人株主からの買い取りのケースと同様に、特効薬のようなものはありません。選択肢は限られています。会社側としては、限られた選択肢のなかで買い取り可能な受け皿を用意し、複数の主体で手分けして買い取る、時間をかけて段階的に購入するといったことも含め、株主側との交渉のなかで落としどころを探っていくことになるでしょう。

第**8**節　名義株と所在不明株の整理

**Q6-22** 名義株を整理する際のポイントについて教えてください。

**A** ● ● ● ● ● ● ● ● ● ● ● ● ● ● ● ● ● ● ● ● ● ● ● ● ● ● ● ● ● ● ● ● ●

### ❶ 整理の方向性

　名義株はQ1-8でみた通り、放っておくとトラブルの原因になりやすい株式です。整理の方向性としては、できるだけ早期に、真実の株主が名義人との交渉により株式を返還してもらうこと、この1点に尽きます。

### ❷ 整理に際してのポイント

　まず、当初の経緯がわかる者がいるうちに整理に着手することが大事です。名義人・真実の株主いずれかに相続が発生すれば、過去に名義貸与が行われた事実を立証することが難しくなってしまう可能性が高くなるためです。

　次に、名義株であることを確認するとともに、名義変更の承諾を得たことを書面で残しておきます。明確な証拠資料を作成しておかないまま単に名義を変更すると、名義人から真実の株主への贈与であると認定を受けないとも限りませんので、慎重な対応が求められるところです。書面には自筆で署名し、押印は実印で印鑑証明書も添付できるとより望ましいといえます。

　問題は、名義人や名義人の相続人から所有権を主張された場合です。将来さらなるトラブルが生じる可能性も考えると、場合によっては有償で買い戻さざるを得ないケースもあるでしょう。このような事態を避けるためにも、できるだけ早期に、友好的に整理を進めていかなくてはなりません。

　仮に株主の地位について争いになった場合には、以下のような事情を総合的に考慮して判断されることになるようです。

　　・株式取得資金の拠出者

　　・株式取得の目的

　　・株式の管理や運用の状況

　　・配当金などの帰属状況

　　・株主総会における議決権の行使状況

　　・名義貸与者や名義借用者と会社との関係

　　・名義貸しの理由の合理性の有無　　等

　なお、名義人に一度でも配当を行うと、名義株であるという事実を証明することが難しくなり、真実の株主は権利関係を主張できなくなるという事態も起こり得るため、名義人への配当は避けたほうがよいでしょう。

## Q6-23 株主の所在がわからない株式を整理する方法はあるのでしょうか？

・・・・・・・・・・・・・・・・・・・・・・・・・・・・・・・・・

　株主の所在がわからない株式については、会社法上、一定の要件を満たせば処分が可能とされています。時間や手間を要しますが、トラブルを未然に防止するためには、この方法によって整理を進めるのがよいでしょう。ただし、下記の5年間の要件を満たさないと処分ができないため、何もしていない場合・証拠を残していない場合には、早期に準備を開始するのがよいでしょう。

【主な手続】

　会社法上、以下の手続を経ることにより処分することができます（会197、198）。

・5年以上継続して当該株主に通知または催告が到達しない
・5年間継続して当該株主が配当を受領していない
・上記の2つの要件を満たした後、会社が3か月以上の期間を定めて、当該株主・利害関係人に一定の事項を通知・公告
・当該株主から、異議申述期間中に異議が出されなかったこと

　処分は競売が原則ですが、裁判所の許可を得て売却や会社による取得が可能とされています。通常は会社が自己株式として取得することになるものと考えられますが、この際には会社側で取締役会決議（買い取る株式の数・総額）が必要になります。

　また、売却代金については当該株主に支払われる必要がありますが、そもそも当該株主の所在が不明なため、受領されないことが通常です。

この売却代金の扱いに際しては、

　・株主が現れた場合に支払えるように準備しておく

　・法務局に供託し、代金支払債務を免れる

といった選択肢があります。

　なお、整理に際して時間的余裕がないような場合には、実務上、株式併合などのキャッシュアウトの手法（第6章第5節参照）を用いることによって整理することもあるようです。

著者紹介

**中野 威人**（なかの・たけひと）

　公認会計士・税理士。1996年慶應義塾大学経済学部卒業。大手監査法人に約10年間勤務し、上場会社の法定監査業務・上場準備会社に対する上場支援業務等に関わった後、2007年に東京中小企業投資育成株式会社に入社。以来、主に中堅・中小企業への投資及び育成の関連業務に従事しており、数多くの中堅・中小企業からの相談に対応している他、事業承継に関するセミナーの講師も多く務めている。

---中小企業投資育成株式会社とは---

　1963年に中小企業の自己資本充実と健全な成長発展を図るため、中小企業投資育成株式会社法（昭和38年6月10日法律101号）に基づいて設立された政策実施機関です。都道府県や民間金融機関等から幅広く出資を受け、東京・名古屋・大阪に3社設置されています。中堅・中小企業の自己資本充実とともに、経営の安定化、企業成長を支援しており、これまでに全国で5,000社以上の中堅・中小企業にご利用いただいております。

新版　安定した経営を継続するための

# Q&A中小企業における「株式」の実務対応
― 次世代への円滑な承継と分散防止・集約化 ―

2024年6月20日　発行

| 著　者 | 中野　威人 ⓒ |
|---|---|

| 発行者 | 小泉　定裕 |
|---|---|

| 発行所 | 株式会社 清文社 | 東京都文京区小石川1丁目3−25（小石川大国ビル）<br>〒112-0002　電話 03（4332）1375　FAX 03（4332）1376<br>大阪市北区天神橋2丁目北2−6（大和南森町ビル）<br>〒530-0041　電話 06（6135）4050　FAX 06（6135）4059<br>URL https://www.skattsei.co.jp/ |
|---|---|---|

印刷：㈱精興社

ISBN978-4-433-72734-5